Casimir Perier

Les finances
de l'empire

Essai

ISBN : 978-1545417492

10 9 8 7 6 5 4 3 2 1

Casimir Perier

Les finances de l'empire

Essai

Table de Matières

Introduction

S'il est des intérêts dont la protection efficace ne puisse être assurée sans le libre contrôle et sans le libre vote des représentants de la nation, seule garantie certaine de ce contrôle, à coup sûr ces intérêts sont ceux de la fortune publique. Les pays longtemps soumis au despotisme ont tous de mauvaises finances ; les pays libres sont les seuls où le crédit reste fermement assis, où les impôts soient facilement perçus, où la richesse publique soit prudemment ménagée. Que l'on compare, pour s'en convaincre, l'Autriche, l'Espagne, la Turquie, l'Angleterre, à la France constitutionnelle, à la Belgique.

Quelle que soit en effet la forme du gouvernement, tous ceux à qui appartient le pouvoir ou qui en exercent la délégation, souverains ou ministres, sont entraînés vers la dépense. Il ne faut faire à personne un crime de cette tendance : elle est naturelle, et quand elle ne conduit pas trop loin, elle est légitime. On ne fait de grandes choses qu'avec de l'argent. M. le baron Louis avait coutume de dire à ses collègues : « Faites-moi de la bonne politique, et je vous ferai de bonnes finances. » La réciproque est d'une vérité non moins rigoureuse de bonnes finances sont le puissant auxiliaire d'une bonne politique.

Dans un gouvernement bien pondéré, une lutte constante et salutaire s'établit donc entre ceux qui sont chargés de la dépense et ceux dont le rôle est de la modérer ; le ministre des finances doit être un intermédiaire entre eux, conseillant aux uns de ne demander que ce qui est indispensable, s'efforçant de convaincre les autres de la nécessité de l'accorder. Lorsque ces tempéraments n'existent pas, lorsque les ministres n'ont à rendre compte de leur administration qu'à celui dont ils reçoivent des ordres, lorsque la même main qui dépense peut puiser à volonté dans le trésor, il est d'un pouvoir éclairé d'appeler, au lieu de les repousser, toutes les formes de contrôle, tous les moyens de garantie, faute de quoi les entraînements de ceux qui l'entourent et les siens propres créent de nombreux dangers et amènent des conséquences presque toujours funestes.

Le décret du 24 novembre 1860, qu'un commentaire officiel

invite à considérer comme *la préparation au développement de libertés plus étendues*, a peu fait pour accroître les attributions du corps législatif dans le vote des lois, attributions si resserrées par l'intervention constante et prépondérante du conseil d'état. Le retour aux dispositions de l'article 54 du décret du 22 mars 1852, combiné avec la modification qu'apporte au règlement l'article 3 du décret du 24 novembre, ne facilite que dans une faible mesure l'exercice du droit d'amendement. L'innovation est de peu d'importance pour le vote des lois ; elle est nulle pour le vote des budgets, a Ce sera encore, pour emprunter la juste expression d'un membre du corps législatif, ce sera encore *le conseil d'état qui fera les budgets de la France* [1]. »

Chaque jour plus convaincu des heureux résultats qu'assure l'intervention directe et libre des représentants de la nation dans le règlement de ses intérêts, je me suis proposé de prouver la nécessité de cette intervention par la comparaison des dépenses et des charges publiques sous les divers gouvernements que la France a vus se succéder depuis le commencement du siècle. Après avoir montré où en sont nos finances et quels périls les menacent, j'examinerai quelle influence ont exercée sur elles les restrictions apportées par la constitution de 1852 au vote des lois de finances. Tel est le but de cet écrit.

I. — La dette publique et les budgets

Le véritable état de nos finances est généralement mal connu. Il faut en chercher les détails dans de volumineux recueils où tout le monde n'a pas l'habitude de lire. Les budgets sont un dédale dans lequel nul n'est certain de ne pas s'égarer. Jamais, même dans les assemblées législatives, la distinction entre les recettes et les dépenses *ordinaires* et *extraordinaires* n'a réussi à s'établir complètement au gré de tous ; les dissentiments à cet égard ont de tout temps survécu à la discussion et au vote des budgets ; d'ailleurs de tout temps aussi l'art de grouper et de présenter les chiffres est venu au secours des rédacteurs de lois de finances et d'*exposés de motifs*.

Certainement la comptabilité des deniers publics est excellente en France ; mais l'organisation et le mécanisme en sont compliqués et ne laissent pas toujours apercevoir les résultats aux yeux non exercés. D'ailleurs la comptabilité, il ne faut pas l'oublier, c'est qu'un contrôle matériel ; elle n'exerce pas d'influence sur la direction, dont elle reste l'instrument docile, semblable à ces machines puissantes qui, obéissant à une impulsion donnée, peuvent employer leurs forces à détruire aussi bien qu'à créer. Une comptabilité parfaite, empêche les malversations et les détournements ; elle ne peut rien ou presque rien pour la bonne administration des finances. C'est aux représentants seuls de la nation qu'il appartient d'exercer sur la fortune publique l'influence prépondérante dont toutes les constitutions et toutes les chartes depuis 1789 leur ont reconnu le droit, mais dont en fait la constitution de 1852 a singulièrement entravé l'exercice. Le vote de l'impôt, sans la faculté de réduire les dépenses, n'est qu'une garantie illusoire. Les conditions fâcheuses dans lesquelles se trouve placée la presse périodique, le défaut de publicité des débats législatifs ont contribué jusqu'à ce jour à maintenir dans l'ombre une situation financière sur laquelle il est à souhaiter que se porte enfin l'attention du pays. Cette situation me paraît de nature à motiver des craintes assez sérieuses, il ne sera que trop facile de le prouver ; mais avant tout, et pour établir le point de départ des comparaisons que le sujet exige, il faut jeter un rapide coup d'œil sur le passé.

Rien n'est plus intéressant que de suivre la marche de la dette publique, de voir comment cette dette, qui n'atteignait que 63 millions de rentes actives [2]en 1814, 164 millions en 1830, 176 millions au commencement de 1848, s'élève aujourd'hui à 315 millions, de telle sorte qu'il s'en faut de peu qu'elle n'ait doublé depuis la chute du régime parlementaire. Les trente-trois années de la monarchie constitutionnelle n'ont laissé inscrits au grand-livre que 113 millions de rentes nouvelles, tandis que les quatre années de la république et les huit années de l'empire ont augmenté la dette perpétuelle de 139 millions de rentes.

63,307,637 fr. de rentes figuraient sur le grand-livre au 1er avril 1814. C'étaient, pour 40 millions environ, les débris des 174 millions de la dette publique en 1793, réduite de plus des trois quarts par la consolidation au tiers (9 vendémiaire an VI) et par les annulations opérées à la suite du paiement en rentes des domaines nationaux et des biens confisqués ; pour 6 millions, la dette des pays réunis à la France ; pour le surplus, c'étaient les rentes créées en vue de la liquidation de l'arriéré, ou à d'autres titres, avant et pendant l'empire.

Dans un écrit qui fit une légitime sensation en 1849, M. Dumon s'exprimait ainsi : « La plus forte partie de la dette a été créée sous la restauration. L'empire s'est peu servi du crédit : il n'en aimait pas l'usage ; il n'en pratiquait pas les deux conditions essentielles, l'exactitude et la bonne foi. La dette perpétuelle de 63 millions qu'il a laissée à sa chute est presque en totalité antérieure à son avènement ; mais il transmit à la restauration la liquidation des dettes qui remontaient à ses victoires et qu'il fallut acquitter après ses revers. La France paya tour à tour l'invasion et l'affranchissement de son territoire. Cette liquidation de nos désastres pèse encore sur nos finances ; plus de 100 millions de notre dette perpétuelle n'ont pas d'autre origine [3]. »

Quelques chiffres montreront quelle était, au 31 juillet 1830, la situation de la dette fondée :

Total des rentes inscrites	202,381,180 fr.
Rentes appartenant à la caisse d'amortissement	37,813,080
Rentes actives	164,568,100 fr.
En déduisant les rentes actives au 1er avril 1814	63,307,637
Il reste	101,260,463 fr.

Ces 101 millions représentent l'excédant des rentes créées sur les rentes rachetées par le gouvernement de la restauration, y compris toute cette large part des charges publiques dont, comme on vient de le voir, la restauration n'est pas responsable, y compris également le milliard de l'indemnité, etc.

Au 1er mars 1848, la situation du grand-livre était celle-ci :

Total des rentes inscrites	244,287,206 fr.
Rentes appartenant à la caisse d'amortissement	67,441,899
Rentes actives	176,845,307 fr.
Les rentes actives s'élevaient au 31 juillet 1830 à	164,568,100
Différence en plus	12,277,207 fr.

Les dix-huit années de la monarchie de juillet n'avaient donc ajouté que 12 millions de rentes à la dette consolidée, moins de 700,000 francs par an, tandis que les douze années qui nous séparent de 1848 ont vu cette dette s'accroître de 139 millions, plus de 11 millions 1/2 par an.

Si, pour comparer plus exactement 1830 à 1848, on tient compte des autres éléments de la dette publique et de l'actif du trésor, on reconnaît que l'ensemble des charges de l'état ne s'était en définitive accru que de 100 millions environ, *en capital*, sous ce gouvernement qui a consacré plus d'un milliard à l'Algérie et plus d'un milliard et demi aux travaux publics extraordinaires. M. Vitet a publié sur cette question, dans la *Revue* [4], *une étude faite avec la conscience et le talent qu'il apporte à toutes choses. On y trouvera les détails, qui ne sont ici que résumés.*

Avant d'examiner ce qu'est devenue en 1860 la dette de 1847, il faut faire la part de la révolution de 1848, car l'empire, tout en lui devant l'existence, est en droit de décliner sa solidarité financière. Jamais si courte période ne vit se multiplier tant de désastres : emprunts onéreux, consolidation de 246 millions de bons du trésor en rentes 3 pour 100 à 55 francs ; consolidation, plus désastreuse encore, des livrets de la caisse d'épargne, par laquelle, pour libérer le trésor d'un compté courant de 65 millions, on mit à sa charge 10 millions de rentes, ce qui équivalait à un emprunt à 15 pour 100 ; suspension de l'amortissement, impôt des 45 centimes, etc. J'abrège cette énumération, dans laquelle je ne fais que rappeler les principales charges qui accablèrent le présent ou grevèrent l'avenir. Je ne dis rien des pertes incalculables du commerce, de l'industrie, de la propriété mobilière et immobilière, et j'arrive au résultat définitif pour la dette publique. Ce résultat fut l'inscription de 53,923,496 fr. de rentes nouvelles sur le grand-livre.

	Total des rentes inscrites	Rentes appartenant à la caisse d'amortissement	Rentes actives
1er mars 1848	244,287,266 fr.	67,441,899 fr.	176,845,367 fr.
1er janvier 1852	242,774,478	12,005,615	230,768,863
Différence en moins	1,512,788 fr.	55,436,284 fr.	
Différence en plus			52,923,496 fr.

Le total des rentes inscrites était diminué de 1,512,788 francs ; mais ce n'était là qu'une apparence, car cette réduction n'était obtenue que par l'annulation de rentes appartenant à la caisse d'amortissement, pendant que les rentes *créées* ajoutaient une charge annuelle de 53,923,496 francs à la dette *active.*

Quant à la dette flottante, malgré tant de remboursements onéreux, elle était au 1er janvier 1852 de 575 millions, et avait atteint, à peu de chose près, les mêmes proportions qu'à la fin de 1847.

Les crédits demandés pour le service des intérêts de la dette consolidée [5] et pour l'amortissement sont inscrits au budget de 1861 pour	452,814,195 fr.
En retranchant la dotation de l'amortissement	98,903,413
Il reste pour le total de la dette inscrite.	353,910,782 fr.

Le total des rentes inscrites s'élevait le 1er janvier 1852 à	242,774,418
Différence en plus représentant l'accroissement des rentes de la dette consolidée, de 1852 à 1860	111,136,304 fr.

Si du total des rentes inscrites on déduit les rentes appartenant à l'amortissement (38,608,602 francs), il reste pour les rentes actives 315,302,180 francs ; elles s'élevaient en 1852 à 230,768,371 francs : la différence en plus est de 84,533,863 francs.

Il convient de faire remarquer que la conversion, opérée en 1852, de 175,664,010 francs de rentes 5 pour 100 en 158,097,609 francs de rentes 4 1/2 pour 100 à diminué les rentes actives, et par conséquent les charges annuelles du trésor, de 17,566,401 francs, sans changer le capital nominal de la dette, car une conversion n'est qu'une réduction du taux de l'intérêt sur une partie de la dette. Si la conversion n'avait pas fait disparaître 17,566,401 francs de rentes, le total des rentes créées depuis 1852 s'élèverait à 128,702,705 fr. au lieu de 111,136,304 francs.

À cette dette il faut ajouter, pour se faire une idée complète des charges de l'état :

1° La dette viagère…	71,684,790 fr.
2° Les dettes diverses, telles qu'intérêts de la dette flottante, intérêts des emprunts spéciaux pour canaux, etc	46,451,459
3° La liste civile et les dotations	42,969,154
Ensemble	161,305,403 fr.
Les intérêts de la dette consolidée, les réserves et la dotation de l'amortissement s'élevant à	452,814,195
Total général	613,919,598 fr.

Ainsi se trouvent portées à 613,919,598 francs les sommes à payer obligatoirement en dehors de tous les services des départements ministériels de la guerre, de la marine, des travaux publics, etc.

En ce qui concerne la dette flottante, acceptant sans les discuter les chiffres du budget de 1861, sur lesquels il y aurait beaucoup à dire, je ne puis mieux faire que de laisser parler M. le ministre des finances. « La dette flottante, qui menaçait de dépasser 1 milliard, déjà réduite à 750 millions, lest placée en présence de ressources qui, dans un très court délai, la feront descendre au-dessous de 700 millions [6]. » La dette flottante avait dépassé 965 millions lorsque les consolidations opérées en 1857 la ramenèrent à des proportions dans lesquelles, si considérables qu'elles soient, il est à craindre qu'elle ne se renferme pas longtemps. L'imprévu joue un plus grand rôle que jamais dans nos affaires, et, laissant même de côté l'imprévu, il est trop évident que le déficit, dès à présent inévitable comme conséquence de la modification des tarifs de douane, de la guerre de Chine et de l'expédition de Syrie, ne pourra être comblé momentanément que par l'augmentation de la dette flottante, puis par des emprunts ou de nouveaux impôts. On a fait valoir que les émissions de bons du trésor avaient été notablement réduites ; mais ne serait-ce pas. que l'on aurait demandé ailleurs, par exemple aux versements faits par le crédit foncier ; les ressources obtenues d'ordinaire au moyen de bons du trésor, de telle sorte que le seul résultat aurait été de remplacer une dette à terme par une dette en compte courant, c'est-à-dire exigible à courte échéance ?

De 1852 à 1855, les budgets se sont soldés avec des découverts considérables. L'équilibre des budgets suivants et les excédants qu'on a fait ressortir sont plus apparents que réels ; cet équilibre et ces excédants n'ont été obtenus qu'au moyen de ressources essentiellement extraordinaires, Il devient chaque jour plus difficile par exemple de comprendre comment on a pu songer à voir dans le budget de 1861 un budget en équilibre. Ce budget emprunté à l'amortissement 137 millions, demande 25 millions à l'impôt nouveau sur l'alcool, conserve 40 millions du double décime, etc., et sans les diverses ressources extraordinaires, qui permettent d'aligner, au moins momentanément, les recettes et les dépenses, le déficit serait de plus de 200 millions. L'honorable rapporteur de la commission, dont les excellentes intentions ont sans doute contribué à exagérer la confiance, peut reconnaître aujourd'hui combien étaient fondées les critiques de ceux de ses collègues qui opposaient à son optimisme le souvenir du rapport de M. Devinck sur le budget de 1860.

Depuis la présentation du budget de 1861, l'évidence des mécomptes [7] dans l'appréciation des effets du remaniement des tarifs a fait ajouter aux impôts une augmentation de près de 30 millions sur les tabacs. La guerre de Chine, dont il est peu probable que les frais soient intégralement payés par les Chinois, l'expédition de Syrie, l'augmentation d'effectif du corps d'occupation en Italie, l'extension croissante donnée aux armements, les charges diverses qui résultent de l'annexion de Nice et de la Savoie venant augmenter le déficit, il sera impossible de ne pas recourir prochainement à de nouveaux impôts ou à un nouvel emprunt, peut-être aux emprunts et aux impôts simultanément. Si un emprunt a lieu, il devra coïncider avec l'émission des obligations pour les travaux des chemins de fer ou la faire ajourner.

Les budgets, comme la dette, ont suivi une rapide progression. Le règlement définitif des dépenses ordinaires a été de 1 milliard 452 millions pour 1847, — de 1 milliard 456 millions pour 1852. Les prévisions du budget de 1861 portent les dépenses ordinaires à 1 milliard 808 millions, chiffre qui sera certainement fort au-dessous de celui du règlement définitif. C'est beaucoup que de passer en huit ans de 1 milliard 456 millions à 1 milliard 808 millions, ce qui constitue une augmentation de 352 millions. Dans les dix-sept années écoulées de 1831 à 1847, le budget s'était élevé de 1 milliard 219 millions à 1 milliard 452 millions, soit de 233 millions seulement [8]. J'ajoute que, dans les sept exercices de 1852 à 1859, il n'a été dépensé en travaux publics extraordinaires que 508 millions, tandis que les sept derniers budgets de la monarchie y ont consacré 958 millions, soit, en moyenne annuelle, 65 millions de plus.

Un budget qui dépasse le budget de 1852 de 352 millions, — plus de 84 millions de rentes perpétuelles ajoutées à la dette publique, portant son capital nominal au-delà de 9 milliards, — tel est le résumé de l'augmentation des charges de l'état depuis huit ans. Il est donc impossible de songer sans regret au degré de prospérité que la France aurait pu atteindre sous une administration plus économe et plus contenue.

Dans une sorte de manifeste inséré en gros texte au *Moniteur* du 11 mars 1853, et destiné à expliquer et à justifier le système adopté pour le vote des budgets, le rédacteur officiel, après avoir constaté l'élévation successive des chiffres du budget de 1830 à 1847, ajoutait : « Il est assurément loin de la pensée du gouvernement actuel de blâmer d'une manière absolue cet accroissement successif des dépenses publiques ; il n'ignore pas que la plupart ont eu pour cause des travaux importants, des institutions utiles, des entreprises fécondes dont la France recueille aujourd'hui les fruits et qui ont accru considérablement les recettes du trésor. Ce qu'il importe seulement de constater, c'est que ces fameuses luttes oratoires à propos du budget, au lieu des économies que s'en promettaient les contribuables, n'aboutissaient presque jamais qu'à l'augmentation des dépenses publiques [9].

Si les *luttes oratoires* n'ont pas empêché les budgets de s'accroître de 1830 à 1848, il n'est pas moins certain que les précautions très efficaces prises contre l'abus de ces luttes n'ont pas empêché les budgets de s'accroître, dans une proportion bien plus considérable, de 1852 à 1861. Voici en effet ce que, les chiffres officiels à la main, on pourrait répondre aujourd'hui au *Moniteur* : — Si l'augmentation est, suivant vous, de 481 millions, de l'exercice 1830 à l'exercice 1847, c'est-à-dire en *dix-sept années*, celle qui ressort de la comparaison des recettes ordinaires pour les exercices 1852 et 1861 est de 503 millions en neuf ans : 1 milliard 336 millions en 1852,1 milliard 839 millions en 4861 [10]. — Le raisonnement du *Moniteur* de 1853 deviendrait donc fort embarrassant pour *le Moniteur* de 1861, s'il jugeait à propos (ce qui semble peu probable) de faire un nouveau cours de philosophie des budgets.

J'irai au-devant d'une objection. — Les recettes, dira-t-on, se sont considérablement accrues ; la prospérité commerciale et industrielle qui a succédé, après 1852, à quatre années de troubles et d'alarmes a développé la fortune publique dans des proportions sans précédents, avec une rapidité sans exemple ; la marche seule du temps, les progrès du revenu, l'augmentation corrélative des frais de perception, l'inscription au budget de quelques nouveaux comptes d'ordre, etc., toutes ces causes réunies justifient une

I. — La dette publique et les budgets

augmentation des dépensés de l'état. — Cela est vrai ; aussi n'y aurait-il pas à tirer, de l'élévation seule des budgets, des conséquences trop alarmantes, si les recettes régulières avaient suffi, même absorbées en totalité par des dépenses dont la nécessité pourrait être souvent contestée. Ce qui doit inspirer de justes inquiétudes, c'est précisément l'insuffisance de ces ressources immenses-créées par un mouvement d'affaires exceptionnel, par une surexcitation anormale. Des ressources extraordinaires de toute nature sont venues s'ajouter à l'accroissement du revenu public. Laissons de côté les emprunts de 1854, 1855 et 1859 : c'est la guerre, nous dit-on, et par conséquent la nécessité et l'imprévu Mais en outre 100 millions ont été empruntés à la Banque, 135 millions appartenant à la caisse de la dotation de l'armée ont été consolidés en rentes en 1857, et depuis lors 80 millions environ ont été reçus pour, compte de cette caisse ; plus de 200 millions ont été versés par des compagnies de chemins de fer de 1852 à 1858 [11]. Sont-ce là des moyens auxquels on puisse avoir indéfiniment recours pour aligner des budgets ? Du 1er janvier 1852 au 1er janvier 1861, une somme totale de 893,430,581 francs a été enlevée à l'amortissement et portée en recette. »... En résumé, c'est rester au-dessous de la vérité que d'estimer, depuis 1852, à 1 milliard 200 millions de francs le budget extraordinaire de la paix, et à 2 milliards celui de la guerre.

Enfin les engagements de toute nature contractés par l'état, et réalisables dans un avenir prochain, ne peuvent être oubliés. Pour ne citer ici que les plus importants, ce sont 250 millions de subvention aux chemins de fer en vertu de la loi du 11 juin 1859, 50 millions à la ville de Paris pour ses travaux, 35 millions restant dus à la Banque de France sur son prêt de 1848, 40 millions consacrés, sous la forme de prêts, à venir au secours des industries les plus compromises par le traité de commerce, le rachat des canaux, etc., enfin tout ce que doit absorber la réalisation, même fort incomplète, du programme du 5 janvier 1860. Je ne parle que pour mémoire des garanties d'intérêt accordées aux chemins de fer pour les lignes nouvelles qui leur ont été imposées, voulant partager la confiance qui a fait concéder ces garanties et croire qu'elles ne constitueront jamais qu'une charge nominale pour l'état [12]. Ce *programme de la paix*, comme on l'a nommé, rappelle, par cette expression même, d'autres promesses célèbres. Il faut espérer qu'il ne recevra pas des événements un aussi cruel démenti. Ce *programme de la paix* peut devenir bien redoutable pour nos, finances, si la plus sévère économie ne ménage pas. les ressources nécessaires à tout ce que l'état se charge d'entreprendre, de payer ou de subventionner, si la paix n'est pas assurée, si des complications extérieures ou intérieures viennent nous surprendre dans l'accomplissement d'une transformation qui exige l'emploi de tous nos moyens et de toutes nos forces.

Il n'a été jusqu'ici question que de l'état. Qu'on pénètre dans nos provinces, qu'on soulève le voile qui recouvre les misères trop souvent cachées sous de brillantes apparences ; que trouvera-t-on ? Un mal qui n'est pas nouveau sans doute, mais qui s'est accru : la propriété foncière, accablée par les charges publiques, hypothéquée parles dettes privées pour plus de 1,2 milliards [13] ; les départements, les villes, les communes rurales même, ardemment poussées dans la voie des dépenses improductives et des emprunts, et recevant, au lieu de conseils de prudence, des facilités plus grandes à s'endetter [14]. Les facilités de crédit, mises à la portée de tous, ont de grands avantages dans les temps prospères ; elles peuvent créer de grands périls dans les jours de crise. De nombreuses sociétés se sont fondées, et ont ajouté leurs puissants secours à l'abondance de numéraire produite par les, découvertes de métaux précieux en Californie et en Australie. Tous ces établissement ont-ils observé les lois de la prudence et sont-ils restés fidèles à la pensée première qui les fit instituer ? Les fluctuations étranges de quelques-unes de leurs actions ont plus d'une fois excité des alarmes et donné aux esprits prévoyants la mesure des catastrophes qui pourraient résulter de complications graves dans les affaires ou dans la politique. Parmi ces établissements, les uns n'ont pour gage que la solvabilité de leurs débiteurs et la prospérité des entreprises auxquelles ils ont lié leurs destinées ; les autres se sont trouvés insensiblement conduits à changer l'assiette de leurs hypothèques en même temps que la nature des services qu'on attendait d'eux. Le Crédit foncier par exemple (et je choisis à dessein la société le plus digne d'intérêt, et dont les bases doivent paraître le plus solides) s'est engagé dans une voie fort différente de celle qui lui fut d'abord tracée. Sur 180 millions de prêts, 50 ou 60 millions seulement reposent sur la propriété rurale ; 120 millions au moins ont été avancés sur propriétés bâties ou sur terrains propres à bâtir dans la ville de Paris et sa banlieue. Une décision récente autorise les prêts aux communes et aux départements. Je ne blâme rien d'une manière absolue, mais il y a là incontestablement une mesure à observer. Ce serait tout autre chose en effet, dans des temps difficiles, que de recevoir l'intérêt de prêts faits à l'agriculture, dont les revenus varient peu, ou d'avoir à exercer un recours sur des terrains devenus momentanément sans valeur, ou sur des maisons sans locataires, et partant sans produit. Il y a donc dans l'avenir, pour toutes ces sociétés de crédit, des questions inconnues qui n'ont pas encore été éclairées par l'expérience. La sagesse exige que cet avenir ne soit compromis ni par une méfiance trop inquiète ni par une trop aveugle confiance.

Je m'abstiens de parler de la ville de Paris. Je n'aurais pas les éléments nécessaires pour le faire avec pleine connaissance de cause, et je doute que personne les possède. La multiplicité, la complication et l'élasticité des moyens de crédit mis à la disposition de la préfecture de la Seine pour son budget extraordinaire s'opposent à ce qu'en l'absence d'une suffisante publicité, il soit facile d'apprécier la véritable situation des finances de la ville. Je crois que cette situation est de nature à justifier de sérieuses appréhensions, mais je resterai fidèle à ma résolution de ne rien affirmer dont je ne fournisse la preuve.

Le gouvernement représentatif avait certainement ses inconvénients. Y a-t-il jamais eu, y aura-t-il jamais un gouvernement parfait ? Il apportait quelque gêne à la libre initiative du pouvoir, et il empêchait parfois quelque bien. Ne prévenait-il pas beaucoup de mal ? Pour ne parler que des finances, les plus ardents détracteurs de ce système de gouvernement soutiendraient-ils que la France ne pourrait pas être un peu moins endettée, un peu moins exposée à des changements et à des expériences, un peu moins chèrement gouvernée, si la constitution, sans être la charte de 1830, ni même celle de 1814, accordait à ses représentants un peu plus d'influence sur ses affaires, et en particulier sur les budgets ?

II. — De quelques impôts

Il est un écueil, un bien dangereux écueil, contre lequel la libre discussion a toujours été la plus sûre sauve-garde. Cet écueil, c'est l'amour du changement et l'ardeur des innovations. Nulle part cette disposition n'est plus périlleuse que lorsqu'elle s'attaque à la fortune publique. Toute atteinte grave aux sources du revenu est infiniment plus funeste pour les finances d'un pays que l'exagération de la dépense. À ce dernier mal on peut toujours remédier par l'économie ; le premier laisse des traces durables et parfois ineffaçables.

La perfection n'existe nulle part : cela est vrai surtout pour les impôts ; il n'en est guère contre lesquels on ne puisse élever des objections. Plusieurs en France ne sont certainement pas à l'abri de la critique. L'impôt foncier entre autres, fort élevé partout, est, dans certaines régions, véritablement excessif. Cependant nos impôts, tels qu'ils sont, ont toujours fait l'admiration et l'envie de l'Europe par l'égalité relative de la répartition et par la merveilleuse facilité de la perception. D'où vient qu'une sorte d'agitation fiévreuse les met tous en question ? Il y a là un vrai péril, et le gouvernement aurait intérêt à se défendre de projets que lui prête la malveillance de certains ennemis ou la maladresse de certains amis. Des novateurs aventureux, chimériques ou coupables, vont jusqu'à réveiller le souvenir des mauvais jours de 1848. Plus ou moins dissimulés ou atténués, l'impôt progressif et l'impôt sur le revenu, ces rêveries socialistes, anéantis par la libre discussion dans l'assemblée constituante, retrouvent des prôneurs. Ce n'est pas ici le lieu de combattre ni l'impôt progressif, cette audacieuse négation d'un des plus salutaires principes de 1789, le principe de l'égalité des charges par la proportionnalité, ni l'impôt sur le revenu, impôt arbitraire, inquisitorial, insupportable. Ceux qui, pour défendre ce dernier impôt, s'appuient sur l'exemple de l'Angleterre oublient à quel point l'*income-tax* y est détesté et ignorent quelles profondes différences entre les deux pays le rendraient chez nous impossible. Sur quoi voudrait-on l'asseoir en France ? Ce n'est probablement pas sur là propriété immobilière, déjà écrasée par le poids qui l'accable [15]. En Angleterre, le sol est peu divisé et l'impôt foncier est à peu près nul ; l'impôt sur le revenu, à 10 pence par livre sterling, représente un peu plus de 4 pour 100 : or c'est estimer bien bas l'ensemble des charges qui en France pèsent sur la propriété foncière que de les porter à 10 ou 12 pour 100 du revenu en moyenne. Il est des départements où ces charges montent beaucoup plus haut, et je ne parlé que des taxes directes, en principal et en centimes additionnels. En tenant compte des charges indirectes telles que les droits de mutation et de succession, les droits d'enregistrement, de timbre, etc., on est effrayé de la réduction que subit un revenu qui n'est pas en moyenne de 3 pour 100 du capital engagé. C'est donc uniquement sur la fortune mobilière qu'il faudrait faire porter le nouvel impôt. Ici commence l'inquisition la plus antipathique à nos mœurs. Et puis quelles valeurs prétendrait-on frapper ? Les valeurs industrielles ? Mais les unes, sous la forme d'actions, sont déjà soumises à une taxe, d'autres supportent des taxes directes ; toutes prennent une large part aux impôts indirects dans la personne de ceux qu'emploie l'industrie ; les mines acquittent la redevance proportionnelle de 5 pour 100 sur le produit net. Il reste donc à imposer la rente, c'est-à-dire le crédit de l'état, et le fruit du travail professionnel, le gain de l'avocat, du médecin, du littérateur, de l'artiste, du négociant...

Enfin l'audace de certains esprits n'a pas reculé devant la spoliation la moins dissimulée, en imaginant soit de faire cesser l'habilité à succéder au sixième degré (c'est-à-dire aux enfants des enfants du frère ou de la sœur), soit de frapper les successions collatérales de droits exorbitants. Cela participe du saint-simonisme, du communisme et du fouriérisme ; c'est la confiscation érigée en principe et la destruction de la famille. Je m'arrête, car c'est avec tristesse que j'ai senti le besoin de ne pas me taire absolument sur ces aberrations funestes. Espérons que nous n'aurons pas de nouveau à les combattre, ou, pour mieux dire, espérons que, si un gouvernement quelconque s'y laissait jamais entraîner, il nous serait, comme par le passé, permis de les combattre.

La suppression des octrois est, dit-on, une des principales visées de ces hommes à projets qui voient un progrès dans tout changement. Ils cherchent aussi à s'appuyer de Y exemple d'un pays voisin, sans tenir compte des différences, ce qui sera toujours l'éternel écueil des imitateurs inintelligents. Ne savent-ils donc pas que, même en Belgique, le mérite de l'innovation est dès aujourd'hui fort contesté, et que l'expérience ne paraît pas devoir répondre aux espérances de ceux qui l'ont tentée ? Il faudrait plus d'espace qu'il n'est possible d'en consacrer ici à une question incidente pour traiter un pareil sujet ; je me contenterai de recommander à ceux de mes lecteurs qui ne connaîtraient pas le mémoire sur le budget de 1861 de la ville de Paris, présenté par M. le préfet de la Seine au conseil municipal, le passage relatif aux octrois. Il serait difficile de trouver une condamnation plus formelle prononcée par une autorité plus compétente.

Assez de fautes ont été commises en matière d'impôts par les divers gouvernements qui se sont succédé en France. Ces fautes ont presque toutes eu pour mobile un désir de popularité, et presque toujours l'événement a. trompé l'attente de ceux qui ont cédé à ce désir. Les populations savent en général peu de gré à leur gouvernement des taxes, qu'il abolit, et murmurent contre les taxes nouvelles qu'il impose. Cela est vrai surtout pour les taxes de consommation, dont la perception se fait peu sentir, divisée comme elle l'est à l'infini et confondue avec le prix de la denrée. C'est un vieil adage qu'un impôt est bon par cela seul qu'il existe, et qu'un impôt, contestable, mais établi, est souvent préférable à un impôt meilleur à établir. Sans adopter complètement cette maxime comme règle absolue, il faut reconnaître qu'elle a un caractère certain de vérité pratique. Combien n'avons-nous pas vu depuis trente ans d'impôts utiles, acceptés, aisément perçus, disparaître, au grand détriment du. trésor ! En 1830, la réduction à 10 pour 100 du droit de détail sur les boissons coûta au trésor 40 millions, sans que les producteurs vendissent le vin un centime de plus, sans que les consommateurs le payassent un centime de moins. La loi sur les sels diminua les recettes de *trente millions* ; elles tombèrent de 63 millions à 33 millions, et sont, après douze ans, restées au même point (33 millions en 1849, 34 millions en 1858. 37 millions en 1859). Y a-t-il beaucoup d'hommes d'état et de législateurs qui ne regrettent pas cet impôt ? La réduction a bien peu profité aux consommateurs ; mais un impôt, une fois aboli, ne se rétablit pas aisément. Il en sera de même, je le crains, pour le sucre et le café.

L'exemple de la réforme postale, qu'on a invoqué dans la discussion de la loi sur les sucres, était bien mal choisi, et la moindre réflexion aurait dû faire sentir que cet exemple était sans application. L'ancienne taxe des lettres variait de 10 c. à 1 fr. 20

c. L'établissement d'un régime nouveau qui, frappant les lettres pour toute l'étendue du territoire d'une ; taxe uniforme de 20 c, conservait cependant celle de 10 c. pour les lettres, circulant dans la circonscription du même bureau ou dans les limites d'une, ville, constituait donc une diminution énorme dans la moyenne du prix payé par les particuliers pour le transport de leurs correspondances. Il était légitime de s'attendre à une augmentation notable dans le nombre des lettres, et cependant il a fallu six années pour que la perception remontât au même taux qu'auparavant. Devait-on songer à comparer, à la réforme postale une réduction sur le tarif des sucres, qui ne pouvait produire, en supposant qu'elle profitât tout entière au consommateur, qu'une différence de 25 cent, par kilogramme sur une denrée valant 1 fr. 50 c, réduction de moins de 17 pour 100 ? Était-on raisonnablement fondé à croire qu'il se consommerait beaucoup plus de sucre lorsqu'il coûterait de 60 à 65 c. la livre au lieu de 70 à 75 centimes ?

Afin d'atténuer les craintes qu'inspirent l'avortement probable des espérances fondées sur la réduction du tarif des sucres et des cafés et le trouble jeté dans nos finances par cette mesure et par d'autres expériences malheureuses, on a présenté comme une perspective rassurante la perception future des droits de douane sur l'importation des produits fabriqués d'origine anglaise, produits exclus pour la plupart de notre marché, avant le traité de commerce, par la prohibition ou par des droits prohibitifs. On oublie trop que la perception de ces droits ne peut se concilier qu'avec une diminution considérable dans la production nationale, car ce serait trop d'optimisme que de compter sur un accroissement de consommation suffisant pour rétablir l'équilibre. Une perception de quelque valeur sur les marchandises d'origine britannique suppose une importation considérable et un ralentissement corrélatif dans la production nationale. Croit-on que la richesse publique et le trésor ne perdraient pas plus à ce ralentissement qu'ils ne gagneraient à la perception des droits ? Le ralentissement du travail, c'est la réduction des salaires, et, par une conséquence infaillible, la diminution du produit des taxes de consommation. Quant au bon marché tant promis, il a fait défaut partout, et cela était facile à prévoir. C'est presque toujours les intermédiaires qui profitent de la diminution des droits sur les objets de consommation dont la principale vente se fait au détail, et il est trop probable que la suppression des octrois, si jamais un gouvernement se laissait entraîner à une pareille folie, n'aurait pas d'autre résultat pour ceux mêmes qu'on aurait eu principalement l'intention de soulager, c'est-à-dire pour les petits consommateurs.

Instruits par l'expérience, devenons donc plus sages. Ne nous figurons pas que le progrès consiste dans l'instabilité, qu'on améliore tout en touchant à tout. On peut s'agiter beaucoup pour s'apercevoir un jour qu'on a reculé, au lieu d'avancer. Ceux qui, dans l'ordre moral et politique, mettent la sécurité au-dessus de tous les biens et croient qu'on ne peut faire, pour l'obtenir, trop de sacrifices devraient se souvenir que les intérêts positifs ont au moins un égal besoin de sécurité, que la fortune privée ne peut, sans que la fortune publique en souffre, être incessamment soumise à des inquiétudes, à des expériences et à des fluctuations, que rien ne se fonde et ne prospère quand il n'y a pour rien de lendemain assuré.

III. — L'amortissement

De tous les expédients auxquels puisse faire recourir le désir de présenter un budget en apparent équilibre, un des plus fâcheux est certainement la suspension nouvelle de l'amortissement, qui, supprimé de fait depuis 1848, avait été si heureusement remis en vigueur en 1859.

Les 137 millions qui forment la totalité des ressources de l'amortissement, dotation et rentes [16] sont détournés de leur destination et figurent en recette au budget de 1861. Il y a deux ans, en présentant le budget de 1859, le gouvernement demandait que 40 millions fussent consacrés à faire revivre l'amortissement, suspendu depuis 1848, et le demandait en ces termes : « Cette situation favorable du budget devait naturellement faire penser au gouvernement que le moment était venu, sans témérité, sans s'exposer à des mécomptes, de rétablir l'amortissement... Nous nous féliciterons avec vous qu'il soit possible de faire disparaître de notre système financier cette *dernière trace* de la crise financière de 1848. Les ressources de la caisse d'amortissement devant s'élever en 1859 à 123,686,262 francs, nous nous proposons de ne porter en recette, comme produit de la réserve de l'amortissement, que 83,686,262 fr., et de laisser ainsi 40 millions affectés au service de la dette consolidée [17]. »

Dans son rapport à l'empereur sur le budget de 1860, M. le ministre des finances renouvelait ces engagements avec plus de force encore, s'il est possible : « On sait que le budget de 1859 a restitué à l'amortissement 40 millions ; le projet de budget de 1860 propose d'y ajouter encore 20 millions. Si donc les revenus de l'état continuent à progresser, il ne sera pas impossible, dans le budget suivant, d'allouer les 29 millions nécessaires pour compléter sa dotation normale, qui est de 89 millions. *Ainsi dans un temps prochain une des conséquences les plus regrettables des embarras financiers d'une autre époque aura complètement disparu* [18]. » — « La commission du budget et le corps législatif tout entier, disait l'honorable M. Gouin dans la séance du 17 mai 1860, applaudirent à cette résolution en félicitant le gouvernement de rentrer dans un grand principe d'ordre financier ; mais en présence d'une guerre imminente la commission du budget jugea prudent de se renfermer dans le chiffre de 40 millions. Comment se fait-il donc qu'aujourd'hui, au milieu de la paix, le gouvernement ait été amené à abandonner ce principe ? »

La réponse à cette question est dans le chiffre des découverts, dans l'élévation de la dette flottante, dans le déficit dont les nouvelles mesures économiques affectent le budget des recettes, dans la progression toujours croissante des dépenses et des crédits supplémentaires.

Le procédé si commode de la suppression de l'amortissement s'offrait le premier, et on y a recouru. La ressource est d'un effet immédiat et infaillible ; les périls, quelque grands qu'ils soient, ne menacent guère que l'avenir. La tentation était donc grande ; il aurait fallu, pour n'y pas succomber, une prévoyance qu'on traite volontiers de pusillanimité, ou la crainte de résistances auxquelles on n'est plus habitué.

L'amortissement a été créé et doté par la loi de finances du 4 mai 1816. L'article 115 lui donnait un caractère d'inviolabilité et le plaçait sous la sauvegarde des chambres : « Il ne pourra, *dans aucun cas ni sous aucun prétexte*, être porté atteinte à la dotation de la caisse d'amortissement. Elle est placée de la manière la plus spéciale sous la surveillance, et la garantie de l'autorité législative. » Jusqu'à la chute de la monarchie constitutionnelle, ces dispositions, modifiées dans l'application par les lois de 1825 et de 1833, furent respectées dans leur principe ; de 1816 au 24 février 1848, l'amortissement ne cessa pas un moment de fonctionner.

Membre de la chambre des députés en 1847, M. Achille Fould, tout en ne voulant pas qu'on exagérât la puissance de l'amortissement, en proclamait ainsi la nécessité : « Un état qui ne profiterait pas des périodes de paix et de prospérité pour réduire les dettes qu'il aurait contractées dans des temps de crise et de guerre manquerait de prévoyance et grèverait ses finances d'un fardeau qu'elles ne pourraient supporter sans un surcroît intolérable d'impôts [19]. »

Il ne sera pas inutile de dire quelques mots de l'organisation et de l'action de l'amortissement avant de montrer quels services il a rendus. La loi de 1816, en instituant une caisse spéciale pour l'amortissement de la dette publique, lui avait attribué une dotation annuelle de 20 millions, que la loi du 25 mars 1817 porta à 40 millions, en y ajoutant 83 millions, produit net de la vente de 150,000 hectares de bois. Lors de la conversion des rentes 5 pour 100 en 3 et 4 1/2 pour 100 en 1825, il fut décidé que désormais les rachats de rentes n'auraient lieu qu'au-dessous du pair, et, par une disposition vivement critiquée, la même loi statua que les rentes à racheter, du 22 juin 1825 au 22 juin 1830, seraient annulées. La loi du 16 juin 1833 ordonna que toutes les ressources que l'amortissement tenait des lois antérieures fussent réparties, au marc le franc et proportionnellement au capital nominal de chaque espèce de dette, entre les rentes 5, 4, 4 et 1/2 et 3 pour 100, La même loi voulut qu'à l'avenir tout emprunt aussitôt créé fut doté d'un fonds d'amortissement réglé par la loi autorisant l'emprunt, fonds qui ne pouvait être au-dessous d'*un pour cent* du capital nominal des rentes créées.

L'amortissement fonctionna régulièrement sur ces bases pour tous les fonds dont le cours ne dépassait pas le pair, et les arrérages des rentes rachetées, au lieu d'être annulés, durent s'ajouter, pour chaque fonds, au capital de sa dotation. La foi, si cruellement trompée depuis, que la France avait dans des institutions auxquelles elle a dû trente-trois années de prospérité, de paix et de liberté, le crédit toujours croissant de l'état affermi par la garantie d'un contrôle sérieux de l'administration de la fortune publique, élevèrent bientôt le cours des fonds publics. Sauf de rares intermittences, tous les fonds, excepté le 3 pour 100, restèrent au-dessus du pair après l'avoir atteint [20]. Le 5 pour 100, après 1834, ne descendit plus au-dessous jusqu'en 1848. De là l'origine des *réserves* de l'amortissement formées de la portion de la dotation qui ne pouvait trouver son emploi.

Que ferait-on de l'accumulation de ces réserves ? Le premier système auquel on s'arrêta fut de les conserver intactes, afin de redoubler la puissance de l'amortissement lorsque les rentes descendraient au-dessous du pair. — C'était appliquer dans toute sa rigueur le principe de l'intérêt composé, inscrit dans la loi de 1833. Bientôt cependant les réserves dépassèrent 200 millions ; on jugea excessif le résultat de ce respect absolu de la règle, et une transaction intervint, qui, tout en assurant l'extinction successive de la dette, permit de soulager les contribuables. Une partie des réserves fut appliquée aux travaux publics, dont elle forma le fonds extraordinaire, et la caisse d'amortissement reçut des inscriptions de rentes en échange du capital ainsi employé ; des lois spéciales prononcèrent successivement l'annulation de rentes provenant de la consolidation des réserves. Ainsi fut longtemps maintenue une balance équitable entre les droits et les intérêts du présent, les droits et les intérêts de l'avenir.

C'est dans cette voie que le gouvernement impérial avait paru vouloir rentrer en 1859, après dix années d'interruption ; il ne devait guère y persister. Deux ans ne s'étaient pas écoulés que la totalité des ressources de l'amortissement était de nouveau appliquée à faire face à l'insuffisance des ressources du trésor. En présence d'un déficit de plus en plus certain, en présence des conséquences inévitables de la réforme économique sur les recettes et de la progression constante des dépenses, dans l'état troublé de l'Europe, et même en espérant qu'une troisième guerre nous soit épargnée, il est difficile de prévoir l'époque où l'amortissement exercera de nouveau une action salutaire, rendue plus nécessaire que jamais par la progression si rapide qu'a suivie la dette publique.

Lorsqu'on arrête un moment son attention sur les résultats merveilleux dus au respect de la monarchie constitutionnelle pour l'amortissement, on ne peut, après avoir admiré les bienfaits de ce puissant moyen de libération, s'empêcher de regretter profondément que le gouvernement actuel de la France ne considère pas, à l'exemple de ses prédécesseurs, cette institution comme un dépôt sacré. À la rigueur, on comprendrait que les nécessités d'un temps de crise et de guerre eussent fait accepter momentanément un tel sacrifice ; mais, en pensant où en serait aujourd'hui la dette publique sans la sagesse de nos devanciers, tout ami du pays formera des vœux ardents pour que la raison reprenne ses droits et que l'exception ne se substitue pas définitivement à la règle.

Au 1er avril 1814, le montant des rentes inscrites pour la liquidation des anciennes dettes de l'état et des pays réunis s'élevait à	63,301,637 fr.
Depuis cette époque, les rentes créées pour les besoins du service représentent	487,691,090
Ce qui porte le total des rentes créées jusqu'au 1er janvier 1860 à (Compte de 1859, p. 41)	550,998,727 fr
A reporter…	550,998,727 fr.
Les rentes annulées comme ayant fait retour à l'état, par suite d'échanges, de remboursements et de réduction à divers titres, montent à	71,172,708
Ce qui réduit les rentes créées à..	479,826,019 fr.
Les rentes rachetées par la caisse d'amortissement ou provenant de la consolidation des réserves et successivement annulées s'élevaient, le 1er janvier 1860, à	133,657,374 [21]
La somme totale des rentes inscrites ou à inscrire se trouvait ainsi réduite, le 1er janvier 1860, à	346,168,645 fr.

Si l'amortissement, sous l'égide tutélaire des chambrés, n'avait pas fonctionné pendant trente ans consécutifs, le total des rentes inscrites dépasserait 479 millions, et le budget de l'état se trouverait grevé annuellement d'une charge additionnelle de 133 millions.

Enfin il ne sera pas inutile de rappeler que, de 1833 à 1848, les réserves de l'amortissement, formées des fonds de la dotation que le cours élevé des rentes ne permettait pas d'employer en rachats, ont procuré au trésor une ressource totale de 910 millions, dont 286 seulement ont été affectés aux dépenses générales des budgets. 182 millions ont été consacrés aux travaux extraordinaires, et 442 millions à l'extinction des découverts du trésor de 1840 à 1847. De 1848 à 1859, une somme totale de 1 milliard 152 millions, appartenant à l'amortissement, et dont, il faut bien le reconnaître, le cours des rentes n'aurait jamais empêché, comme par le passé, de respecter la destination, a été portée en recette aux budgets [22].

Dans son rapport sur le budget de 1861, M. le ministre des finances rappelle qu'il disait en 1857 : « Pour avoir tout son effet, l'amortissement doit résulter d'un excédant de recette positif. S'il en est autrement, les fonds qu'il absorbe produisent un déficit dans le budget ; ce déficit augmente la dette flottante, et celle-ci aboutit tôt ou tard à une consolidation en rentes, c'est-à-dire que dans ce cas, au lieu d'éteindre la dette publique, l'amortissement tend à l'accroître, avec perte pour le trésor. » C'est là une argumentation spécieuse et sans solidité. Ce qui est vrai, c'est que l'habitude prise de porter en recette la dotation et la réserve de l'amortissement donne une facilité funeste pour l'exagération des dépenses. La bonne administration consiste non pas à élever, par toute sorte de moyens et d'expédients, les recettes, ou l'apparence des recettes, au niveau des dépenses, mais à restreindre les dépenses dans les limites des recettes réelles. Recourir à des emprunts réitérés, contractés parfois à des taux onéreux, et disposer en même temps, pour faire face aux dépenses ordinaires, des ressources destinées par la prévoyance de ses prédécesseurs à l'extinction de la dette de l'état, ce serait escompter doublement l'avenir. Ni la justice ni la raison n'exigent sans doute que la génération actuelle supporte seule tout le fardeau de dépenses dont profiteront les générations futures. Les grands travaux d'utilité publique survivent au présent, les guerres même peuvent être fécondes, lorsque, justement entreprises, elles ont pour résultat un accroissement durable d'influence ou d'utiles conquêtes ; cependant aucun gouvernement sage n'a rejeté sur l'avenir la totalité des charges provenant de ces deux causes [23].

Casimir Perier

L'exemple de l'Angleterre, ou l'on va souvent chercher de moins profitables enseignements, aurait dû nous mieux servir. Sa dette, après une guerre européenne de vingt-cinq ans, aux frais de laquelle elle prit une si large part, était d'environ 20 milliards (800 millions sterling). Cette dette est aujourd'hui de 18 milliards (740 millions sterling) en capital, et de 550 millions (22 millions sterling) en intérêts annuels. C'est en capital un peu plus du double de la dette française, en intérêts environ 60 pour 100 de plus. Mais voici la différence essentielle : il y a trente ans [24], la dette active française n'atteignait pas 165 millions de rentes, et la dette anglaise dépassait 600 millions de rentes ; aujourd'hui la dette française s'est accrue de plus de moitié et dépasse 315 millions de rentes actives, tandis que la dette anglaise s'est arrêtée au-dessous de son ancien chiffre. Et si l'amortissement n'avait pas fonctionné en France avec énergie, les deux dettes se rapprocheraient bien davantage.

L'Angleterre, au moment même où la France empruntait 2 milliards, n'a pas hésité à demander aux impôts les ressources extraordinaires des guerres de l'Inde et de la Chine et de la guerre de Crimée. Après avoir porté jusqu'à leur extrême limite les taxes de consommation [25], elle n'a pas reculé devant les impôts les plus impopulaires plutôt que de rejeter sur l'avenir les charges nécessitées par des événements imprévus ou par les entreprises qui servaient les desseins de sa politique. Les gouvernements libres puisent dans le concours de la nation la force nécessaire pour faire accepter de tels sacrifices. Lorsque les représentons du pays exercent la principale influence sur ses destinées, l'intérêt public reste le mobile des grandes entreprises, et cette certitude donne à tous le courage d'en supporter le fardeau. Les gouvernements dans lesquels la responsabilité n'est pas partagée sont trop souvent guidés par d'autres motifs et subissent d'autres nécessités. Un pouvoir unique, ayant à répondre seul de ses résolutions et de ses desseins, cherche parfois à les faire mieux accepter en dissimulant et en ajournant leurs conséquences onéreuses. Pour être vraiment digne de gouverner, il faut savoir dédaigner cette funeste recherche de la popularité, ne reculer devant aucune des rudes conditions du pouvoir, ne sacrifier aux exigences du jour aucun des intérêts durables de son pays ; il faut avoir l'ambition assez haute pour penser sans cesse à la postérité et pour maintenir une juste balance

III. — L'amortissement

entre ce qu'il est permis d'accorder au présent et ce qu'il n'est pas permis d'enlever à l'avenir.

IV. — Le vote du budget et les crédits supplémentaires sous le régime de la construction de 1852

On nous répète, sans cesse, nous lisons chaque jour que, si la France a perdu la plupart de ses libertés, elle a gardé une des plus précieuses prérogatives des peuples libres, le vote de l'impôt et des lois par les représentants de la nation. Ce principe est en effet inscrit dans la constitution de 1852, à l'article 39. Qu'est-il devenu de par l'article 40 ? qu'est-il devenu de par les actes qui ont interprété ou modifié la constitution ? qu'est-il devenu surtout dans l'application ?

L'article 40 de la constitution porte : « Tout amendement adopté par la commission chargée d'examiner un projet de loi sera renvoyé sans discussion au conseil d'état par le président du corps législatif. Si l'amendement n'est pas adopté par le conseil d'état, il ne pourra être soumis à la délibération du corps législatif. » Les articles 52, 53, 54 et 55 du décret du 31 décembre 1852, confirmant les dispositions ci-dessus, en ont ajouté une fort importante : « Aucun amendement n'est reçu après le dépôt du rapport fait en séance publique. » Ainsi obligation absolue du consentement du conseil d'état pour qu'un amendement puisse être mis en délibération, impossibilité de présenter un amendement après le dépôt du rapport de la commission. Or la pensée d'un amendement ne peut naître, ou du moins la nécessité de le présenter ne peut se faire sentir qu'après le dépôt du rapport. C'est alors seulement qu'un membre de la chambre qui ne fait pas partie de la commission connaît la rédaction définitive du projet de loi. De plus, c'est ordinairement la discussion publique, par les lumières souvent imprévues qu'elle jette sur le sujet, qui inspire les plus utiles amendements. Le règlement les interdisant absolument, qu'arrivait-il ? Un article était rejeté, le mal était sans remède ; l'article ne pouvait être ni amendé ni remplacé par un autre. La loi était condamnée à rester mutilée ; il fallait ou la rejeter ou la voter incomplète. C'est à ce grave inconvénient que le décret du 24 novembre a probablement l'intention de parer en remettant en vigueur l'article 54 du décret du 22 mars 1852, décret rapporté par celui du 31 décembre de la même année. L'article rétabli est ainsi conçu : « S'il intervient sur un article un vote de rejet, l'article est renvoyé à l'examen de la commission. Chaque député peut alors, dans la forme prévue par les articles 48 et 49 du présent décret, présenter tel amendement qu'il juge convenable. — Si la commission est d'avis qu'il y a lieu. de faire une proposition nouvelle, elle en transmet la teneur au président du corps législatif, qui la renvoie au conseil d'état. — Il est alors procédé conformément aux articles 51, 52 et 55 du présent décret, et le vote qui intervient est définitif [26]. » Le décret du 24 novembre 1860 ajoute : « Le règlement du corps législatif est modifié de la manière suivante : — Immédiatement après la distribution des projets de loi et au jour fixé par le président, le corps législatif, avant de nommer sa commission, se réunit en comité secret ; une discussion sommaire est ouverte sur le projet de loi, et les commissaires du gouvernement y prennent part. »

L'ensemble de ces dispositions doit être examiné avec attention ; elles ont donné lieu aux plus singulières erreurs. Les uns ont cm que le droit d'amendement était rendu au corps législatif, d'autres ont cru que ces dispositions étaient applicables au vote du budget ; rien de tout cela n'est exact. Les seules modifications sont celles-ci : *Une discussion sommaire précède la nomination de la commission*. C'est un palliatif insuffisant aux graves inconvénients qu'offre l'interdiction de présenter des amendements après le dépôt du rapport. On a probablement pensé que la discussion sommaire fournirait des indications de nature à motiver la proposition de changements au projet primitif, par voie d'amendement. — *Lorsqu'un article a été rejeté, mais seulement alors, la commission peut être saisie d'un amendement qui suit le cours des formalités habituelles*. De cette façon, on n'est plus exposé à laisser une lacune dans une loi. — C'est quelque chose que tout cela, dira-t-on. Soit ; mais c'est bien peu de chose. Le corps législatif n'est nullement affranchi de la tutelle du conseil d'état ; en outre, rien de ce qui précède n'est applicable au budget, puisque le budget ne se vote ni *par article*, ni même *par chapitre*, mais seulement *par ministère*.

Ce qui frappe le plus dans les rapports du corps législatif avec le conseil d'état, ce qui a dominé dans la pensée du législateur

IV. — Le vote du budget et les crédits supplémentaires...

de 1852, ce qui subordonne complètement les représentants de la nation aux délégués du pouvoir exécutif, c'est la nécessité du consentement du conseil d'état à l'introduction d'une modification quelconque dans le texte des lois et en particulier dans les chiffres du budget.

Qu'est-ce que le conseil d'état ? Une émanation directe du pouvoir dont il dépend, du pouvoir qui nomme et révoque ses membres. Lorsqu'un conseiller d'état juge au contentieux, devenu magistrat, il ne relève que de sa conscience et doit voter avec complète liberté ; consulté administrativement, il manquerait à ses devoirs en ne donnant pas au pouvoir exécutif avec entière sincérité l'avis qui lui est demandé ; mais, dans la préparation et la discussion des lois, est-il possible qu'il s'affranchisse de l'influence gouvernementale ? Lorsqu'un dissentiment grave s'élève entre le corps législatif et le gouvernement, le conseil d'état, après avoir joué le rôle utile de conciliateur, peut-il s'ériger en arbitre souverain et résoudre une question controversée contre le vœu positif et formel du pouvoir ? En vérité, je n'ai pas la moindre hésitation à me prononcer pour la négative et à soutenir que la constitution ne le veut point ainsi. Si je ne suis pas dans l'erreur, et je ne crois pas y être, il résulte clairement de ce qui précède que le conseil d'état n'est pas seulement, comme on a voulu le représenter, un intermédiaire et un conciliateur, mais qu'il est, d'après la constitution de l'empire et sa propre organisation [27], l'auxiliaire naturel et légitime du pouvoir, et que rien dans les lois et dans les budgets ne pouvant être changé sans sa permission, il exerce de fait la puissance législative à un degré plus élevé que le corps législatif.

Dès 1852, l'ensemble de ces combinaisons compliquées paraissait assez défectueux pour que M. le comte de Chasseloup-Laubat, rapporteur du budget de 1853 et aujourd'hui ministre de la marine, s'exprimât en ces termes : « Notre tâche, qu'on nous permette de le dire, n'était pas sans difficulté, et par le peu de temps qui nous était donné, et par la complication des rapports entre le gouvernement et la commission. Autrefois, vous le savez, les communications nécessaires en pareil cas existaient directement entre les commissaires et les ministres. C'est à ceux-là qu'on s'adressait pour obtenir les documents indispensables à l'examen des affaires ; ils venaient eux-mêmes, avec les chefs de leurs différents services, donner des explications suffisantes souvent pour prévenir toute discussion ultérieure, et les résolutions que la commission du budget arrêtait après les avoir entendus étaient directement soumises à la chambre. Aujourd'hui nous ne pouvons avoir de rapports avec le gouvernement que par l'intermédiaire du conseil d'état, qui, confident et organe de sa pensée, a seul le droit de transmettre au corps législatif les documents qu'à son tour il se fait remettre par les ministres. En un mot, pour les rapports écrits comme pour les communications verbales, les commissaires du gouvernement remplacent les ministres, avec lesquels ils ont dû préalablement s'entendre. Quant aux modifications que la commission peut vouloir proposer, soit par suite de l'adoption d'amendements présentés par des députés, soit d'après son propre examen, elles doivent, avant que vous ne soyez appelés à en délibérer, être renvoyées au conseil d'état et y être discutées. Là (il est impossible de ne pas le faire remarquer) *elles n'ont pas d'interprètes, pas de défenseurs officiels.* Ce mode de procéder parait résulter de la constitution elle-même, et si nous vous en parlons, c'est uniquement pour vous montrer qu'il a dû entraîner des lenteurs dans l'accomplissement de la tâche de la commission du budget. »

Non-seulement, comme le disait M. le comte de Chasseloup, *le corps législatif n'a pas d'interprètes et de défenseurs officiels devant le conseil d'état,* mais il est impossible qu'il n'y rencontre pas des adversaires un peu partiaux. Ce serait trop compter sur la perfection humaine que de croire qu'un corps qui a préparé une loi et l'a rédigée n'ait pas quelquefois pour son œuvre une prédilection qui lui fasse accueillir avec peu de faveur des critiques et des modifications émanées d'un autre corps. Les commissaires du gouvernement occupent une position élevée dans le conseil d'état ; le plus employé de tous est le président de ce corps ; souvent ces commissaires ont combattu dans les commissions du corps législatif les changements proposés, et ils viennent les combattre devant le conseil d'état, où ils exercent une grande influence, sans autres contradicteurs que ceux que le conseil d'état peut voir naître spontanément dans son sein. Bien faible est donc la part réelle d'action du corps législatif. Il peut faire des discours, mais il ne peut voter que sur les questions qu'un autre pouvoir consent à lui poser,. et dans la forme où ce pouvoir consent à les poser.

M. Thiers a dit, en parlant des restrictions au droit d'amendement, dans les dernières pages sorties de sa plume féconde et puissante : « La discussion des lois sans la faculté de les modifier n'est qu'une agitation stérile. Placer les chambres entre le rejet et l'adoption pure et simple, c'est les réduire aux résolutions extrêmes et détruire l'esprit de transaction qui doit être le véritable esprit des pays libres [28]. »

En droit, le corps législatif est investi de la prérogative du rejet absolu : il peut repousser une loi, il peut refuser le budget d'un ministère ; mais il n'est pas nécessaire de beaucoup insister pour montrer que cette prérogative suprême doit rester habituellement une lettre morte. Une loi, même incomplète et défectueuse, est rarement assez mauvaise aux yeux de ceux qui en approuvent la pensée et le but, pour qu'ils la repoussent tout entière, surtout si c'est une loi qu'un gouvernement, s'appuyant sur une majorité fidèle, présente comme indispensable à sa politique. Cette loi, dans son ensemble, peut répondre à des besoins pressants, et quelque fondées que soient les objections qui s'élèvent contre une partie de ses dispositions, il arrive d'ordinaire que la majorité aime mieux subir une pression morale, en laissant passer ce qu'elle ne peut éliminer ou changer, que repousser le tout. Le refus d'un budget surtout est une résolution extrême devant laquelle ont reculé plus d'une fois, en des temps bien différents de ceux où nous vivons, des oppositions voisines de l'hostilité. Dans de rares occasions, il est juste de le reconnaître, le gouvernement, en présence de la répugnance peu dissimulée du corps législatif à voter certaines mesures, s'est décidé à ne pas les soumettre à l'épreuve définitive du scrutin ; mais des marques de condescendance et d'égards, quelque louables qu'elles soient en elles-mêmes, quelque fréquentes que la pratique ait pu ou doive les rendre, ne sauraient remplacer des garanties plus efficaces.

Ce serait se tromper étrangement sur la pensée qui a inspiré ces réflexions que d'y voir la défense du droit d'amendement tel qu'il a été trop souvent exercé en d'autres temps, au grand détriment de tous. Le droit d'amendement, livré sans limites au gré des volontés individuelles, a de graves inconvénients auxquels à diverses époques on a essayé de parer avec plus ou moins de succès. L'article

46 de la charte de 1814 était ainsi conçu : « Aucun amendement ne peut être fait à une loi, s'il n'a été proposé ou consenti par le roi et s'il n'a été renvoyé ou discuté dans les bureaux. » On recula dès l'origine devant l'application des règles posées dans cet article, destiné, d'après l'ordonnance du 13 juillet 1815, à être révisé par le pouvoir législatif. L'ordonnance du 5 septembre 1816 maintint entière la charte de 1814 ; quoi qu'il en soit, l'article 46 tomba en complète désuétude et ne fut jamais appliqué.

Après 1830 et jusqu'en 1848 ; aucune entrave ne fut apportée au droit d'amendement ; mais il suffit de rappeler les dispositions du règlement de l'assemblée législative de 1849 pour montrer que les moyens ne manqueraient pas contre l'abus des amendements. Ce qui est nécessaire, c'est que ces moyens, tels que le renvoi obligatoire aux bureaux ou aux commissions, et, si l'on veut, leur adhésion avant la mise en délibération, ne soient pas cherchés hors du corps chargé de les appliquer, et ne le soumettent pas à une police qui lui soit étrangère. Le but est en effet, non de restreindre les prérogatives de l'assemblée, mais de la protéger contre le mauvais emploi qui peut être fait de son temps lorsqu'on la force pour ainsi dire à discuter des amendements oiseux ; il faut éviter aussi que, par suite d'une confusion, d'une erreur, d'une surprise, un amendement ne réussisse à passer pour être bientôt regretté. Ces inconvénients toutefois, très graves s'il s'agit d'assemblées qui exercent le pouvoir législatif d'une manière souveraine, comme dans la constitution de l'an in ou dans celle de 1848, ces inconvénients, dis-je, ne sont plus les mêmes en présence de la nécessité de la sanction du chef de l'état, toujours maître de donner ou de refuser cette sanction.

Il ne faut pas confondre, malgré certains rapports, le droit d'amendement avec le droit d'initiative et diriger contre le premier des objections qui ne s'adressent en réalité qu'à ce dernier. Le droit d'amendement, contre-balancé par la réserve, entre les mains du chef de l'état, du droit d'initiative et de sanction des lois, ne peut être refusé aux représentants du pays sans que leur rôle devienne, par cela seul, bien différent de celui que leur assurent les principes de 1789, si souvent invoqués, si rarement compris ou appliqués. Due assemblée privée du droit d'amendement en est réduite ou à entraver la marche du gouvernement par sa résistance, ou à-le suivre. dans une complète docilité ; c'est moins, à proprement

IV. — Le vote du budget et les crédits supplémentaires...

parler, un corps délibérant qu'une commission consultative.

J'ai jugé indispensable de donner quelque étendue à ces explications, afin de rectifier des impressions fort erronées sur certaines dispositions du décret du 24 novembre 1860 ; je me hâte de rentrer dans ce qui est relatif aux finances seules.

Le vote du budget, non *par article* ou *par chapitre*, mais par *ministère*, ainsi que l'exige l'article 12 du sénatus-consulte organique du 30 décembre 1852 [29], fait disparaître la véritable garantie d'une bonne administration financière, la *spécialité des dépenses*.

Le 8 février 1853, M. Bineau, ministre des finances, dans un rapport à l'empereur sur la situation des finances, exposait ainsi le nouveau mode de voter les budgets : « Désormais le budget sera voté par ministère ; la répartition par chapitres se fera par décrets impériaux. — En adoptant ce système, les auteurs de la constitution se sont inspirés de cette pensée, qu'au pays, par ses députés, il appartient de fixer annuellement *la somme qu'il veut mettre à la disposition du chef de l'état pour le gouverner, l'administrer et le défendre*, que, cette somme une fois déterminée, c'est au chef de l'état à en régler l'emploi suivant les besoins et les intérêts du pays. » — D'après M. Bineau, les dépensés de l'état devenaient ainsi une sorte d'*entreprise à forfait*. Il ne se chargeait pas d'expliquer comment le contrôle s'exercerait ; mais il garantissait les meilleurs résultats. « Ce système, tout en donnant au gouvernement la liberté et l'indépendance dont il a besoin, assurera au pays autant *au moins* de garanties d'économie qu'il en avait lorsque ses représentants étaient appelés à régler les moindres détails des services administratifs. » Toutefois, par une conséquence logique dont il était impossible de s'affranchir, le ministre ajoutait : « Le but sera atteint, sire, mais à condition *que, sauf les cas tout à fait extraordinaires et exceptionnels, les crédits supplémentaires disparaîtront*. La faculté de virement d'un chapitre à l'autre supprimera la presque totalité des annulations de crédit ; il faut que par contre elle supprime de même la presque totalité des crédits supplémentaires [30]. »

Sous le régime de la charte de 1830, le budget était voté par chapitres distincts ; aucune somme ne pouvait être reportée d'un chapitre à un autre. Lorsque les fonds votés ne suffisaient pas pour assurer les besoins du service, on avait recours aux *crédits supplémentaires*. Ces crédits supplémentaires devaient être l'objet d'ordonnances royales et être soumis à la sanction des chambres dans leur plus prochaine session, avant la présentation du budget ; ils étaient strictement restreints à une nomenclature spéciale de *services votés*. Si la nécessité d'une dépense non prévue au budget venait à se faire sentir, on y pourvoyait au moyen des *crédits extraordinaires*. Il fallait, pour motiver l'ouverture d'un crédit extraordinaire, des cas tout à fait imprévus et exceptionnels. Il est inutile d'insister sur les garanties que ces règles salutaires offraient pour la stricte observation de la spécialité.

La constitution de 1852 autorisant les *virements de crédits* d'un chapitre à l'autre et l'affectation des fonds rendus libres à tout autre service du même ministère, il est aisé de comprendre que la nécessité des *crédits supplémentaires* devait être fort rare, et que les crédits extraordinaires devaient sembler à peu près seuls destinés à faire face aux besoins nouveaux résultant de circonstances imprévues. M. Schneider fut un des premiers à montrer quelles seraient pour le gouvernement les conséquences obligatoires du nouveau système substitué aux règles qui présidaient naguère au vote des budgets, et la commission dont il était l'organe n'hésitait pas à laisser voir, sous des formes respectueuses, ses regrets de l'abolition de ces règles : « Il ne nous appartient pas de juger un acte constitutionnel ; nous lui devons notre respect, et nous entendons donner au gouvernement, pour l'application de cet acte, notre concours le plus complet. — Il suffit de rappeler le texte du sénatus-consulte pour faire connaître dans son ensemble le régime nouveau que nous allons inaugurer ; nous n'avons pas à l'exposer dans ses détails d'application, dont le temps et l'expérience sont d'ailleurs les meilleurs juges. — Il nous a paru que le droit de virement devait donner à l'avenir aux prévisions du budget, prises dans leur ensemble, un caractère de vérité et d'exactitude dont elles manquaient précédemment. On doit attendre de ce système un double avantage : d'une part, le ministre, *obligé de se renfermer en définitive dans les limites de son budget*, sera naturellement appelé à réaliser toutes les économies compatibles avec les besoins du service, et d'autre part *on pourra voir disparaître ces annulations de crédit et ces crédits supplémentaires qui venaient chaque année*

IV. — Le vote du budget et les crédits supplémentaires...

bouleverser les prévisions et rendaient trop illusoire le vote du budget. — Dans les conditions nouvelles où nous nous trouvons, nous ne saurions *insister trop fortement pour que les crédits supplémentaires disparaissent à l'avenir...* La suppression des crédits supplémentaires et des annulations de crédit nous apparaît comme l'une des conditions capitales du régime nouveau [31]. »

L'honorable rapporteur avait grandement raison de voir dans cette condition la principale, on pourrait dire la seule justification de l'organisation nouvelle. Cette condition n'a jamais été remplie, et l'ancien abus dont le gouvernement par ses organes, le corps législatif par ses rapporteurs, se plaignaient alors, l'abus dont les commissions du budget n'ont cessé de se plaindre, non-seulement n'a pas disparu, mais encore s'est singulièrement aggravé.

Le 26 janvier 1854, M. Bineau trouvait nécessaire d'expliquer comment des crédits supplémentaires avaient encore été ouverts à l'exercice 1853, et comment il ne devait plus en être de même à l'avenir : « Nul ne s'étonnera que, malgré la faculté de virement, des crédits supplémentaires ou extraordinaires aient dû être ouverts à l'exercice 1853. Lorsque le système des virements a été créé par le sénatus-consulte du 25 décembre, le budget de 1853 était déjà établi, et ses crédits n'avaient pas été calculés de manière à prévenir l'ouverture de crédits supplémentaires. *Il devra, à moins d'événements extraordinaires et imprévus, en être autrement pour les années suivantes* [32] »

Le rapport de M. Devinck sur les crédits supplémentaires des exercices antérieurs, dans la session de 1855, signale la singulière confusion qui s'est établie entre les crédits supplémentaires et les crédits extraordinaires. « La remise à neuf de certains locaux et de leur mobilier a été considérée dans un ministère comme devant être l'objet d'un *crédit supplémentaire*, tandis que dans un autre ministère on a réclamé, pour des travaux analogues, l'ouverture d'un *crédit extraordinaire*. « La commission s'est en outre demandé si la nécessité de dépenses de cette nature était tellement urgente et imprévue qu'il ne fût pas possible et plus naturel de les ajourner et d'attendre la présentation du budget. »

Lors de la présentation du budget de 1857, le conseil d'état, frappé de la faiblesse des excédants de recette en prévision, voulut aller au-devant des observations que ne manqueraient pas de soulever, de la part du corps législatif, la marche progressive des dépenses et l'abus des crédits supplémentaires. L'exposé des motifs du budget contint donc les réflexions, suivantes, réflexions qu'on aurait rencontrées sans trop de surprise dans le rapport d'une commission du corps législatif, mais auxquelles l'origine donnait cette fois une signification particulière : « En résumé, la comparaison des recettes et des dépenses présente un excédant de 15,417,000 francs. Cet excédant peut paraître bien faible, si on le compare à la somme des *crédits supplémentaires que chaque exercice a vus se produire, et contre lesquels la faculté de virement n'a point été jusqu'ici peut-être un remède suffisant* ; mais le gouvernement de l'empereur espère de plus en plus restreindre les crédits supplémentaires et les réserver pour les cas rares, c'est-à-dire pour les besoins urgents et imprévus [33]. »

Ces nouvelles résolutions, ces nouvelles espérances, ces nouvelles promesses étaient destinées à n'avoir pas plus d'effet que celles qui les avaient précédées. Les besoins *urgents* et *imprévus*, ou du moins jugés tels par les ministres, mais nullement par le corps législatif, ne cessèrent pas de se produire. Malgré la paix et la prospérité qui lui succéda, les crédits supplémentaires s'élevèrent en 1857 à 140 millions, et en 1858 à 96 millions.

L'ordre chronologique nous conduit maintenant au rapport de M. A. Leroux sur le projet de budget de 1857 : « Ce système nouveau dont nous venons de parler manquerait de conclusion, de sanction pratique pour ainsi dire, *s'il n'avait pour complément absolu la restriction ou plutôt l'extinction presque entière des crédits supplémentaires.. Avec le droit de virement, les crédits supplémentaires ne peuvent être ni compris, ni admis, sauf de très rares exceptions.* » Rappelant ensuite le rapport de M. Troplong sur le sénatus-consulte du 25 décembre 1852, les engagements sans cesse renouvelés par les ministres, l'opinion du conseil d'état, les vœux exprimés par les précédentes commissions législatives, le rapporteur ajoutait : « Comment se fait-il que d'une communauté de vues et de volontés si positive sortent jusqu'ici des résultats si contraires ?… En résumé, et pour formuler nettement son opinion, votre commission demande que le droit de virement produise désormais les fruits qui en avaient été promis [34]. »

IV. — Le vote du budget et les crédits supplémentaires...

Le mal n'ayant fait que s'accroître, les réclamations étant devenues de plus en plus vives, les réponses de plus en plus embarrassées et dilatoires, écoutons ce que disait le rapporteur du budget de 1859 : « Sous l'ancienne législation, l'usage des crédits supplémentaires était limité à un certain nombre de chapitres qui tous appartenaient à *des services votés*, en dehors de ces chapitres, il était formellement interdit d'ouvrir un crédit supplémentaire par ordonnance... *Les crédits supplémentaires ne sont plus maintenant soumis à aucune restriction ; ils sont complètement indéfinis...* Suivant les termes de la loi de finances de 1855, la ratification du crédit, par conséquent l'appréciation de la dépense, n'est soumise au, corps législatif que durant la session qui suit la clôture de l'exercice, *c'est-à-dire lorsque le fait est consommé depuis deux années...* Des crédits supplémentaires et extraordinaires se sont produits, en dehors des faits de la guerre de Crimée, dans de fortes proportions, dont le dernier exercice offre un exemple frappant. Les ressources du budget de 1858 ont été votées avec un excédant de 20 millions, qui se sont accrus de 60 millions, montant des plus-values réalisées sur les revenus publics ; cette somme est presque entièrement absorbée par des ouvertures de crédits extraordinaires et supplémentaires... Nous n'en avons pas encore les états complets ; mais les documents que nous possédons nous suffisent pour voir que quelques-uns au moins de ces crédits n'étaient pas commandés par une impérieuse nécessité. Parmi ces dépenses, il en est qu'on aurait pu prévoir, et d'autres qu'on aurait pu ajourner : dans le premier cas, on aurait obtenu le concours dû corps législatif, et dans le second cas on aurait eu l'avantage de la réflexion... La commission est unanime pour appeler l'attention du gouvernement sur la législation des crédits supplémentaires et sur l'utilité de rétablir la nomenclature des services votés [35]. »

L'abus devint bientôt plus grave encore. Des virements de crédit eurent lieu *d'un ministère à un autre*. La commission chargée d'examiner le budget de 1860 s'empara de la protestation de la cour des comptes : « La cour des comptes, cette sage et vigilante gardienne des véritables principes financiers, a signalé à l'empereur des *virements sur les crédits destinés à la dette publique en faveur du service général du ministère des finances*, et des virements entre les crédits affectés au service de l'instruction publique et les crédits attribués au culte. Cependant, postérieurement à cette première observation [36], M. le ministre, par un décret du 27 janvier 1858, a affecté à divers services, financiers une somme provenant de crédits ouverts pour plusieurs chapitres de la dette perpétuelle et viagère. Sur ce nouveau fait, la cour, *sans contester les conséquences absolues du texte du sénatus-consulte de 1852, persiste à penser que les dispositions en doivent être appliquées dans l'esprit qui les a dictées.* Cette déclaration de la cour des comptes, celle du ministre, qui reconnaît le peu de corrélation et de solidarité entre des crédits d'une nature si différente, ne sont-ils pas la justification de la nécessité de la révision du sénatus-consulte de 1852 [37] ? »

La commission du corps législatif, en posant une pareille question, savait que la poser, c'était la résoudre. Il n'est personne qui puisse sérieusement soutenir que l'administration des deniers de l'état soit soumise à autre chose qu'un contrôle de pure forme sous l'empire d'une législation qui permet de confondre les budgets de deux départements ministériels, fussent-ils réunis dans la même main, qui permet de consacrer aux frais du culte des sommes votées pour l'instruction publique, de détourner de leur destination des fonds spécialement affectés au service de la dette publique par un vote législatif, pour les appliquer aux dépenses d'un ministère. Les chiffres officiels montreront assez que des réclamations si nombreuses et si réitérées n'étaient pas sans de graves motifs.

Dans les sept années de 1852 à 1850 [38], les suppléments de crédit se sont élevés à	2,622,303,766 fr.
Les crédits annulés à	256,355,979
Différence	2,365,947,787 fr.
Moyenne annuelle	336,000,000
Dans les dix-huit années de 1830 à 1848, les crédits accordés en supplément se sont élevés à	2,097,325,656 fr.
Les crédits annulés à	623,472,038
Différence	1,468,853,018 fr.

IV. — Le vote du budget et les crédits supplémentaires…

Moyenne annuelle	81,000,000

Il est vrai que les crédits de 1854 à 1856 ont été en grande partie motivés par la guerre de Crimée ; mais les années de paix 1853, 1857 et 1858 présentent des suppléments de crédits pour 296 millions.

L'oubli du passé ne peut aller jusqu'à effacer le souvenir des grandes et utiles entreprises dont les finances de la monarchie de 1830 eurent à supporter le fardeau. La France, après avoir sauvé la Belgique de l'invasion hollandaise, lui a rendu Anvers ; la France a fait l'expédition d'Ancône, forcé l'entrée du Tage, planté son pavillon sur les murs de Saint-Jean-d'Ulloa et fondé nos établissements de l'Océanie ; enfin, au prix de longs efforts, d'un sang précieux, de sommes considérables, elle a noblement acquitté, en achevant la conquête de l'Algérie, le legs glorieux de la restauration.

Jamais peut-être les conséquences du nouveau système n'ont été mises plus en évidence que par la discussion, dans la session de 1860, du projet de loi pour l'affectation à des travaux d'utilité générale des fonds restés libres sur le dernier emprunt de 500 millions [39]. Ce reliquat, dont on avait tant parlé, se trouvait réduit à 31 millions ; encore ce chiffre, contesté dans le sein de la commission d'abord, puis par les orateurs qui prirent la parole dans la séance du corps législatif, ne fut-il établi que par évaluation approximative. M. le commissaire du gouvernement déclara qu'il n'était ni nécessaire, ni même possible pour le moment, de fournir des justifications plus complètes. Ce point admis, il en restait un autre plus important à examiner. Plusieurs membres du corps législatif pensaient que, comme il s'agissait d'un projet de loi spécial et en dehors du budget, le vote devait avoir lieu séparément pour chaque crédit distinct, pour chaque nature de dépenses. L'opinion contraire, vivement défendue par M. le commissaire du gouvernement, dut prévaloir. Procédant par voie d'extension et d'assimilation, il prétendit que les prescriptions de l'article 12 du sénatus-consulte du 25 décembre 1852 s'opposaient à la division, que les crédits proposés devaient, comme ceux du budget, être votés par ministère. Il rappela que, dans la précédente session, des crédits supplémentaires étant proposés jusqu'à concurrence de 90 millions pour le ministère de la guerre et de 50 millions pour celui de la marine, le tableau indicatif des chapitres entre lesquels ce total serait réparti n'avait été présenté au corps législatif qu'à titre de renseignement, et que le vote avait eu lieu par ministère. Le commissaire du gouvernement soutint que des crédits, quels qu'ils fussent, faisaient partie du budget et devaient être votés comme le budget, que le *chapitre*, en fait de budget, *avait une existence administrative, et rien de plus.*

Vainement on objecta que cette doctrine rendait l'intervention du corps législatif tout à fait illusoire, qu'elle détruisait complètement le principe salutaire de la spécialité des dépenses (non-seulement des dépenses ordinaires, mais des dépenses les plus imprévues) ; que le projet en discussion n'avait pas le caractère d'un crédit *supplémentaire*, ou même *d'un crédit extraordinaire*, dans l'acception habituelle ; qu'il s'agissait d'une loi extra-budgétaire, applicable à un cas exceptionnel, unique, tout à fait en dehors des prévisions de l'article 12 du sénatus-consulte organique ; que le corps législatif, ne voulant évidemment ni rejeter la loi, ni refuser la totalité des crédits ouverts à l'un des ministères, mais dépouillé du droit de voter sur chaque nature de dépenses et de choisir entre elles, n'avait, à proprement parler, que voix consultative, et n'exerçait aucun *contrôle*. Le président s'étant refusé à faire voter par chapitre, le corps législatif se résigna et adopta la loi.

Je pourrais multiplier les preuves, multiplier des citations pour lesquelles on ne m'accusera pas d'avoir eu recours aux opinions d'hommes hostiles au gouvernement impérial. J'ai poussé le scrupule jusqu'à ne me servir d'aucune opinion individuelle ; je n'ai puisé que dans des rapports de commissions. Je terminerai en empruntant à un discours de M. le comte de Flavigny, discours dans lequel la modération de la forme sut s'allier à la fermeté de la pensée, des réflexions qui produisirent une impression très vive et très méritée. « Sans vouloir attaquer le sénatus-consulte du 25 décembre 1852, qu'il respecte comme une loi de son pays, l'orateur croit avoir le droit de dire que cet acte a considérablement réduit les attributions du corps législatif. Le véritable budget sera celui qui sera arrêté par le conseil d'état. » L'orateur termine ainsi : « L'empereur à dit qu'il entendait laisser une large porte ouverte aux améliorations, et que la liberté couronnerait son édifice.

L'orateur déclare qu'il a dans ces paroles une foi entière, et que l'espérance de voir se réaliser cette promesse l'a déterminé à rester sur des bancs où il avait un devoir à remplir, celui de faire entendre respectueusement la vérité. Il engage ses collègues à ne pas imiter l'exemple de leurs devanciers de l'ancien corps législatif, de ne pas attendre pour dire la vérité la veille de quelque grand péril [40] » C'était en 1853 que M. le comte de Flavigny faisait entendre ce langage. Il y a sept ans de cela [41].

En définitive, que résulte-t-il de la situation du gouvernement et du corps législatif telle qu'on vient de l'exposer ?

De la part du gouvernement, non-seulement défense résolue de l'article 12 du sénatus-consulte organique du 25 décembre, ce qui était parfaitement son droit, mais pas un mot pouvant donner l'espoir d'une modification future, pas une concession dans l'application rigoureuse des principes absolus de cet article. En ce qui concerne la nécessité de réduire de plus en plus les crédits supplémentaires et extraordinaires, abondance de déclarations et de promesses, mais rien de plus. Chaque année, des crédits considérables sont demandés, et les organes du gouvernement-viennent, tantôt pour un motif, tantôt pour un autre, invariablement expliquer comment les meilleures intentions sont restées sans effets et comment s'est trouvée forcément ajournée l'exécution des engagements pris.

De la part du corps législatif, soumission entière à la constitution, mais réclamations persistantes contre l'extension donnée aux principes qu'elle a consacrés et contre l'insignifiance, du rôle auquel il se trouve ainsi réduit ; plaintes respectueuses, mais fermes, et sans cesse renouvelées, contre la non-observation des règles de la spécialité, contre le recours fréquent, et trop souvent mal justifié, à ces crédits supplémentaires frappés d'un blâme si violent et si peu mérité à l'adresse du passé. Il serait injuste de ne pas tenir compte au corps législatif de ces efforts persévérants. Je voudrais contribuer à les mettre en lumière par le rapprochement de preuves éparses aujourd'hui dans vingt volumes du *Moniteur*. Le corps législatif a fait, pour maintenir l'ordre et l'économie dans nos finances, presque tout ce qui lui était permis, ou du moins presque tout ce qui lui était possible. Ce n'est pas sa faute si ses efforts sont restés stériles ; ce n'est pas sa faute s'il ne peut exercer efficacement ses droits, en matière de finances, sans risquer de compromettre les intérêts mêmes qu'il veut défendre et de désorganiser le service par le rejet d'un budget tout entier.

V. — Le décret du 24 novembre

Le décret du 24 novembre est-il destiné à inaugurer, pour le corps législatif, une ère nouvelle qui lui rende prochainement les droits que la constitution de 1852 lui a refusés ? C'est ce que nous dira l'avenir, car l'avenir seul fera connaître la véritable portée d'un acte si diversement interprété. Accueilli avec une ardeur un peu vive peut-être par quelques-uns de ceux qu'il a le plus surpris, commenté avec trop de froideur, il faut l'espérer, par cette partie de la presse où le public est habitué à chercher des inspirations officielles, le décret du 24 novembre en lui-même, et de quelque façon qu'on le juge aujourd'hui, est incontestablement un acte important. Soit qu'il ne marque qu'un premier pas dans une voie nouvelle, soit qu'il doive être suivi d'une longue halte avant une seconde étape, soit enfin qu'il ne fasse briller à l'horizon qu'une lueur passagère, l'attente réservée, mais non indifférente, semble l'attitude naturelle de ceux chez qui la confiance ne peut naître si rapidement.

Je n'ai eu encore à examiner le décret du 24 novembre que dans son influence sur le vote des lois et des budgets, et je crois avoir suffisamment prouvé que ses conséquences directes, nulles pour les budgets, étaient de peu de valeur pour la discussion des lois. Si j'aborde, en terminant, un ordre de considérations plus générales, je le ferai sans sortir de la réserve que commande un si grave sujet.

Après tant de reproches (dont quelques-uns n'étaient pas sans fondement) adressés *aux luttes oratoires*, il aurait pu sembler plus naturel de rétablir les assemblées délibérantes dans leurs droits sur le règlement des intérêts que de leur restituer la faculté de faire des discours sur des questions générales dans des occasions solennelles. L'émancipation, commencée par le côté le moins brillant, mais le plus utile, aurait été mieux comprise et plus généralement approuvée.

Relever la tribune sans rendre de droits réels à ceux qu'on appelle à l'occuper, c'est trop ou trop peu. Laisser les représentants du pays en face d'avocats-généraux d'une politique dont la responsabilité repose trop haut pour être mise en cause [42], ne serait-ce pas les convier à *ces joutes stériles* dont l'inutilité et les dangers ont été précisément invoqués comme justification de la condition réduite des assemblées délibérantes ?

Est-il impossible que ceux à qui la parole sera offerte imaginent un jour de ne chercher dans la concession faite qu'un moyen ingénieux d'exprimer une adhésion plus retentissante à quelque programme officiel ? Assurément les intentions qui ont inspiré l'auteur de cette concession seraient ainsi fort mal remplies. Ces intentions ne seraient-elles pas dépassées, si d'autres, s'irritant d'entraves rendues plus importunes par l'apparence de la liberté, se laissaient entraîner à suppléer par la violence du langage à l'impuissance de l'action ? Ni dans l'un ni dans l'autre cas, l'épreuve cependant ne serait décisive, et il y aurait aussi peu de justice à fonder une condamnation définitive sur l'insuffisance des uns que sur les excès des autres. L'expérience ne sera complète que lorsque, rentrant dans la sincérité du gouvernement représentatif, on aura donné au pays, par ses mandataires, les moyens de montrer s'il est véritablement devenu indifférent à la liberté ou décidément incapable de s'en servir. Permettre aux députés d'exercer une influence réelle sur les lois et sur les intérêts positifs du pays, au risque de voir modifier quelques mesures et retrancher quelques sommes des budgets, ce serait faire beaucoup plus qu'on n'a fait pour l'indépendance et la considération du corps législatif ; ce serait faire beaucoup plus pour mériter sa reconnaissance et pour le recommander à celle de la nation.

Ce n'est pas à dire qu'il faille désespérer de voir des progrès intéressants et peut-être imprévus sortir de la prochaine session. Beaucoup de fermeté d'un côté, beaucoup de modération de l'autre pourront amener d'utiles résultats, et si la politique, la politique extérieure surtout, reste soustraite à l'influence salutaire des représentants du pays, ils pourront cependant rendre à la société, à la fortune de l'état des services dont l'occasion leur a manqué jusqu'à ce jour.

Deux conditions encore sont essentielles pour assurer la première assise de l'édifice dont on se plaît à promettre le couronnement à notre avenir : la liberté électorale doit être mise à l'abri de tout soupçon ; la presse périodique doit être affranchie du *pouvoir dictatorial et discrétionnaire* qui pèse sur elle, ainsi que le reconnaît loyalement la circulaire ministérielle du 7 décembre. La presse ne peut cesser d'être assujettie aux garanties indispensables à l'ordre public, à la morale, à la sécurité des citoyens, garanties qu'elle a eu le malheur de ne pas respecter toujours ; elle porte durement, comme bien d'autres, le châtiment de fautes dont tous ne furent pas coupables : c'est le sort commun de l'humanité ; mais, grâce à Dieu, il n'est pas impossible qu'un législateur éclairé trouve dans l'expérience du passé les moyens de prévenir le mal que peut faire la presse sans priver la liberté de services qu'elle seule peut lui rendre.

Qu'il me soit permis de citer ici quelques mots du discours que prononça M. Casimir Perier la première fois qu'il monta à la tribune, dans la discussion de la loi sur la presse, en 1817 : « La liberté des journaux, disait-il, a un avantage que j'ai d'autant plus à cœur d'établir qu'il a rapport aux objets qui me sont le moins étrangers. Elle est une des bases du crédit public ; ce crédit n'existera point tant qu'il faudra lire des volumes pour avoir une idée nette de votre situation financière, tant que vos opérations seront préparées dans l'ombre. Les affaires d'argent doivent être claires comme le jour ; la publicité seule déjoue les manœuvres intéressées et fait avorter les plans spécieux suggérés par l'égoïsme, et souvent quelques lignes d'un journal provoquent une discussion qui rétablit la confiance et dissipe toutes les alarmes. » Ce qui pouvait être vrai en 1817 ne le serait-il plus aujourd'hui, ou n'y aurait-il plus de motifs de répéter ce que disait M. Casimir Perier et de faire ce qu'il conseillait ?

Jusqu'ici je n'ai point parlé du sénat. Placé dans une sphère étrangère à la discussion des lois, le sénat n'avait à prononcer à huis clos que sur la constitutionnalité des mesures soumises à son contrôle. Examiner si des circonstances se sont présentées où ce contrôle aurait pu s'exercer serait ici tout à fait hors de propos. Ce n'est que récemment et par exception qu'une publicité partielle avait été donnée à quelques-uns des travaux du sénat ; la France ignorait donc comment il comprenait ses droits et ses devoirs, comment il s'efforçait de faire valoir les uns et de remplir les autres. Désormais la publicité lui est acquise, et par cela seul il reprend dans le gouvernement du pays un rôle dont le silence

V. — Le décret du 24 novembre

qui l'environnait pouvait parfois laisser contester l'importance. Deux de ses prérogatives surtout recevront de cette situation nouvelle autant d'utilité que d'éclat : le droit de statuer sur les pétitions des citoyens et celui de signaler au chef de l'état les améliorations à introduire dans la constitution, dans les lois et dans l'administration. Si la publicité avait été accordée plus tôt au sénat, on aurait probablement appris, ce qu'on ne pouvait que soupçonner, qu'il renferme dans son sein des hommes toujours prêts à se faire les défenseurs de justes griefs portés à ce tribunal suprême, des hommes décidés, même au risque de déplaire, à offrir au pouvoir le concours de leurs lumières et à prendre l'initiative des sages conseils. Chacun de ses membres aurait ainsi trouvé la justice à laquelle il pouvait prétendre, et les reproches qui naguère leur ont été collectivement adressés [43] n'auraient atteint que ceux qui les méritaient.

Je sais qu'en envisageant les choses du point de vue auquel je me suis placé dans cet écrit, je diffère de ceux qui s'en prennent plus aux hommes qu'aux institutions. Je m'en prends plus aux institutions qu'aux hommes ; c'est ma conviction sincère, et je m'en applaudis, car la conviction contraire forcerait presque ma raison à ne voir que des illusions dans un avenir où il ne lui est pas encore interdit de chercher des espérances.

Notes

1.   Discours de M. Larrabure dans la séance du 11 juillet 1860.

2.   Les rentes actives, c'est-à-dire celles que l'état doit à des tiers, simples rentiers ou établissements publics, représentent la véritable dette. Quant à ce que l'état se doit à lui-même, c'est-à-dire les rentes rachetées et appartenant à la caisse d'amortissement, que l'état peut annuler, ou dont il peut, ainsi qu'il le fait en ce moment, suspendre le service, si c'est là plus qu'une fiction, si c'est un puissant et, indispensable instrument de libération, en réalité cependant cette partie de la dette n'existe plus comme dette.

3.   De l'Equilibre des Budgets sous la monarchie de 1830, — Revue des Deux Mondes du 15 septembre 1849.

4.   Livraison du 15 septembre 1848.

5.   J'ai pris les chiffres du budget de 1861, comme les plus récens et les seuls officiels jusqu'à ce jour. — La dette consolidée se compose aujourd'hui des élémens suivans :

	Rentes	Capital nominal en millions
4 1/2 pour 100 nouveau.	172,521,974 fr.	3,833,000,000 fr.
4 1/2 pour 100 ancien.	884,560	19,000,000
4 pour 100	2,335,652	58,000,000
3 pour 100	178,168,586	5,939,000,000
Totaux	353,910,782 fr.	9,849,000,000 fr.

6.   Rapport sur le budget de 1861, page XXXVIII.

7.   Les douanes seules comme le prouve le tableau inséré au Moniteur du 19 décembre 1860) accusent une diminution de 51 millions pour les onze premiers mois de 1860, diminution qui ne porte que sur six mois et demi, le nouveau tarif sur les sucres, les cafés, le coton, la laine, etc., n'étant appliqué que depuis le milieu de mai. Calculée pour un exercice entier, la diminution serait, y compris la perte sur le sucre indigène, de plus de 130 millions. L'exposé des motifs du budget de 1861 estimait l'effet total de la réduction des taxes à 88 millions, et ramenait la perte pour le trésor à 40 millions, par suite des plus-values ordinaires et normales, des droits de douane résultant du traité de commerce et de l'impôt sur les alcools : le tout évalué à 48 millions. Le mécompte serait donc d'environ 80 millions, ou de 50 millions seulement, grâce aux 30 millions à obtenir de l'augmentation, postérieure au budget, sur le prix de vente des tabacs. C'est par conséquent être bien près de la vérité que d'estimer à 50 millions le déficit qui doit affecter, pour les douanes et le sucre indigène seuls et malgré la plus-value sur les tabacs), les prévisions du budget de 1861.

8.   Les chiffres des budgets antérieurs sont pris dans le

V. — Le décret du 24 novembre

compte général de l'administration des finances pour 1859, et celui du budget de 1861 dans la loi votée par le corps législatif.

9.   Moniteur du 11 mars 1853.

10.   Je prends le chiffre de 1852 dans le compte général de 1850, et celui de 1861 dans le budget.

11.   Compte de 1859, p. 384.

12.   Indépendamment des ressources extraordinaires que l'état devra se procurer pour ses besoins imprévus et ses travaux, la loi de juin 1850 oblige les compagnies de chemin de fer à demander au crédit, dans l'espace de quelques années, 2 milliards 500 millions pour, l'achèvement des 8,578 kilomètres du nouveau réseau. L'ancien réseau ne comprend que 7,774 kilomètres.

13.   Ce chiffre est très certainement au-dessous de la vérité. Dans son ouvrage sur le système financier de la France, M. le marquis d'Audiffret estimé, d'après un relevé fait en 1840, que la dette hypothécaire dépassait alors 11 milliards 500 millions, dont l'intérêt à 5 pour 100 s'élevait à 575 millions.

14.   Je trouve dans un ouvrage nouveau Statistique de la France, par M. Maurice Block) des détails fort complets et fort intéressâtes sûr ce sujet. L'augmentation annuelle des dépenses départementales y est estimée à 30 millions de l'exercice 1845 à l'exercice 1856) ; sur ces 30 millions, 13 millions s'appliqueraient aux dépenses extraordinaires. Pour l'année 1850, les impositions extraordinaires atteindraient 25 millions, c'est-à-dire le quart des recettes totales des département.

15.   L'extrême division du sol serait également un obstacle insurmontable. Sur 11 millions de cotes, on n'en compte que 16,000 au-dessus de 1,000 francs, 36,000 de 500 à 1,000 francs, 64,000 de 500 à 300 francs, etc. ; 5,400,000 cotes sont au-dessous de 5 fr., 3,000,000 sont de 5 à 20 francs. Il faudrait donc que l'impôt, pour être productif, frappât sur les plus modiques revenus.

Dotation	98,903,413 fr.
Rentes	38,512,015
Total	137,415,428 fr.

16.   Exposé des motifs du budget de 1850.

17.   Moniteur du 12 décembre 1858.

18.   Séance du 6 mai 1847.

19.   La Revue des Deux Mondes du 1er janvier a publié une excellente étude de M. Victor Bonnet sur les Derniers Budgets. Le Constitutionnel du 4 janvier, essayant d'en atténuer l'effet, s'est avancé jusqu'à dire : « Le régime impérial est parvenu à faire fonctionner en partie l'amortissement, que le gouvernement de juillet avait totalement suspendu. » Voici la réponse à cette assertion : sauf en 1859 et en 1860, et pour 40 millions dans chaque exercice, le régime impérial a complètement suspendu l'amortissement, quoique le cours très bas des fonds publics en eût rendu l'action éminemment profitable. De 1830 à 1848, l'amortissement n'a jamais cessé d'opérer sur les fonds au-dessous du pair. Dans ces dix-huit années, il a été racheté 19,013,602 fr. de rentes 3 pour 100 au capital de 643,985,002 fr. Jusqu'en 1834, époque à laquelle le 5 pour 100 dépassa le pair, il fut racheté 7,470,871 francs de rentes 5 pour 100 au capital de 149,417,380 fr. L'amortissement fonctionna également pour le 4 1/2 et pour le 4 pour 100 toutes les fois que les cours le permirent ; mais ces deux fonds ayant alors peu d'importance, les rachats restèrent au-dessous de 1 million en intérêts et de 25 millions en capital. — Voyez le compte général de l'administration des finances pour 1859, p. 520 et suivantes.

20.

Rentes rachetées directement par la caisse d'amortissement	80,950,700 fr.
Rentes rachetées par la caisse des retraites pour la vieillesse..	1,243,887

V. — Le décret du 24 novembre

Rentes provenant de la consolidation des réserves de l'amortissement	51,462,787
Total des rentes annulées	133,657,374 fr.
Les 80 millions de rentes rachetées directement par la caisse d'amortissement représentaient un capital nominal de	2,096,443,116 fr.
Et n'ont coûté que	1,633,474,090
D'où ressort, entre le capital nominal de la dette et le prix de là libération, une différence de	462,669,026 fr.

21.   Compte général de l'administration des finances pour 1859, p. 517.

22.   On a soutenu, non sans raison, que la suspension prolongée de l'amortissement constitue une violation des droits des créanciers de l'état, qui ont dû compter sur les garanties que les lois leur assurent. En droit, cela est incontestable ; en fait, je crois qu'il ne faut pas exagérer la valeur d'un moyen de défense dont la cause de l'amortissement peut se passer. Grâce à Dieu, la France n'est pas à la veille de déposer son bilan, et elle offre à ses prêteurs une suffisante hypothèque. Le danger est pour l'avenir de la fortune publique, pour les contribuables, et ne menacera pas de longtemps, il faut l'espérer, les créanciers de l'état.

23.   Le tableau suivant présente, en chiffres ronds, le résumé de la marche ascensionnelle de la dette fondée en France depuis 1814. Les résultats pour 1860 ne sont qu'approximatifs.)

Epoques	RENTES ACTIVES appartenant à des tiers, déduction faite de celles appartenant à l'amortissement	Capital nominal
1814	63,000,000 fr.	1,300,000,000 fr.
31 juillet 1830	165,000,000	3,786,000,000

1er mars 1843	175,000,000	3,954,000,000
1er janvier 1851	230,000,000	5,500,000,000
1860	315,000,000	9,000,000,000 ?

Je ne sais s'il est nécessaire de faire remarquer que la disproportion entre l'augmentation des rentes créées et l'augmentation du capital nominal a pour causes principales la conversion du 5 pour 100 et l'accroissement des rentes 3 pour 100

24.   Sur un budget des recettes de 1 milliard 700 millions, plus de 1 milliard 100 millions sont, en Angleterre, le produit des douanes et de l'accise. Le timbre, les postes, etc., portent le total des taxes indirectes à plus de 1 milliard 400 millions, comme le montre ce tableau des prévisions pour 1860-61 :

Douanes	580,000,000 fr.
Accise	525,000,000
Timbre	200,000,000
Postes	85,000,000
Impôt direct	80,000,000
Impôt sur le revenu	280,000,000
Recettes diverses	42,000,000
Total	1,792,000,000 fr.

Si l'on compare ce budget avec le budget français, on voit que ceux de nos impôts indirects qui correspondent aux douanes et à l'accise de l'Angleterre, c'est-à-dire qui portent principalement sur les objets de consommation, ne s'élèvent pas à 700 millions, au lieu de 1 milliard 100 millions, sur un total à peu près égal de 1 milliard 800 millions

V. — Le décret du 24 novembre

Douanes	143,000,000 fr.
Sels	37,000,000
Boissons	199,000,000
Sucre indigène	48,000,000
Tabacs	183,000,000
Produits divers	50,000,000
Total	660,000,000 fr.
En ajoutant la dernière augmentation sur les tabacs, soit	30,000,000
on arrive à	690,000,000 fr.

25.   La plupart de nos autres taxes indirectes n'ont aucun rapport avec les taxes indirectes anglaises, car le plus lourd fardeau des 310 millions de l'enregistrement et du timbre porte, chez nous, sur la propriété foncière.

26.   Voici le texte des articles auxquels renvoie l'article 54 :

« Article 48. Tout amendement provenant de l'initiative d'un ou plusieurs membres est remis au président et transmis par lui à la commission. Toutefois aucun amendement n'est reçu après le dépôt du rapport fait en séance publique.

« Article 49. Les auteurs d'un amendement ont le droit d'être entendus dans la commission.

« Article 51. Si l'avis du conseil d'état, transmis à la commission par l'intermédiaire du président du corps législatif, est favorable, ou qu'une nouvelle rédaction adressée au conseil d'état soit adoptée par la commission, le texte du projet de loi à discuter en séance publique sera modifié conformément à la nouvelle rédaction adoptée. Si cet avis est défavorable, ou que la nouvelle rédaction admise au conseil d'état ne soit pas acceptée par la commission, l'amendement sera considéré comme non avenu.

« Article 52. Le rapport de la commission sur le projet de loi par elle examiné est lu en séance publique, imprimé et distribué vingt-quatre heures au moins avant la discussion.

« Article 53. à la séance fixée par l'ordre du jour, la discussion s'ouvre et porte d'abord sur l'ensemble de la loi, puis sur les divers articles ou chapitres, s'il s'agit de lois de finances. Il n'y a jamais lieu de délibérer sur la question de savoir si l'on passera à la discussion des articles ; mais les articles sont nécessairement mis aux voix par le président. Le vote a lieu par assis et levé ; si le bureau déclare l'épreuve douteuse, il est procédé au scrutin. »

27.   « Article 50. Le conseil d'état est chargé, sous la direction du président de la république, de rédiger les projets de loi…

« Article 51, Il soutient au nom du gouvernement la discussion des projets de loi… constitution du 14 janvier 1852.)

« 1° Le conseil d'état, sous la direction du président de la république, rédige les projets de loi et en soutient la discussion devant le corps législatif. » Décret organique du 25 janvier 1852.)

28.   Histoire du Consulat et de l'Empire, tome XVIII, page 177.

29.   « Le budget des dépenses est présenté au corps législatif, avec des subdivisions administratives, par chapitres et par articles.

« Il est voté par ministère.

« La répartition par chapitres du crédit accordé pour chaque ministère est réglée par décret, de, l'empereur, rendu en conseil d'état.

« Des décrets spéciaux, rendus dans la même forme, peuvent autoriser des virements d'un chapitre à un autre. Cette disposition est applicable au budget de l'année 1853. » Article 12 du sénatus-consulte du 23 décembre 1852.)

30.   Moniteur de 1853, page 158.

31.   Rapport de M. Schneider sur le projet de budget de 1854. Moniteur du 12 mai 1853.

32.   Moniteur du 27 janvier 1854, page 105.

33.   Moniteur du 5 mars 1856.

34.   Moniteur du 29 mai 1856.

35.   Moniteur du 21 mai 1859.

36.   Rapport de la cour des comptes ; page 52.

37.   Rapport de M. Devinck sur le budget de 1860.

38.   Je n'ai pas fait entrer dans ces calculs l'année 1850, parce que le règlement définitif de cet exercice ne m'est pas encore connu.

39.   Voyez le Moniteur du 28 juin 1860.

40.   Séance du 19 mai 1853.

41.   J'ai cru devoir reproduire ce passage tel que le donne le

V. — Le décret du 24 novembre

Moniteur. Cette version est toutefois bien terne à côté du discours tel qu'il a été prononcé et tel qu'il se trouve dans l'indépendance belge supplément au n° du 24 mai 1853).

42.   Ne pourrait-on pas dire qu'elle ne repose nulle part ? L'article 5 de la constitution du 14 janvier 1852, que j'ai souvent entendu citer depuis l'empire, déclare « le président de la république responsable devant le peuple français. » Ni la constitution ni personne n'a jamais dit et qui ne serait fort embarrassé de le dire ?) quand, comment, par qui cette responsabilité pourrait être invoquée ou appliquée. Je me permets d'émettre sur cette question une opinion que je suis disposé à croire fondée.

Le sénatus-consulte du 7 novembre 1852, qui a rétabli la dignité impériale, porte, à l'article 7 : « La constitution de 1852 est maintenue dans toutes celles de ses dispositions qui ne sont pas contraires au présent sénatus-consulte. » L'article 5 de la constitution ne serait-il pas du nombre de ceux dont les dispositions doivent être considérées comme contraires au sénatus-consulte du 7 novembre ? On conçoit la responsabilité d'un chef électif, nommé de dix ans en dix ans, comme devait l'être le président de la république d'après la constitution 4 de 1852, puisque, l'époque de la réélection il était virtuellement appelé à rendre compte de son gouvernement ; mais j'avoue, pour ma part, que la responsabilité d'un souverain héréditaire, investi d'un pouvoir comme celui qui est dévolu au chef de l'état par les actes postérieurs à la constitution, n'offre à mon esprit aucune idée nette, et que ma raison ne saurait en concevoir l'application. Lors même que mon interprétation ne serait pas admise, lors même que l'article 5 de la constitution du 14 janvier 1852 ne saurait être considéré comme implicitement abrogé, il n'est pas moins évident que, le souverain ne pouvant pas être responsable, ses ministres ne l'étant pas et ne devant pas l'être, puisque leur rôle est d'obéir, quelques doutes peuvent subsister sur l'application du principe de responsabilité.

43.   Moniteur du 11 janvier 1856.

ISBN : 978-1545417492